Mosaik bei
GOLDMANN

Buch

Egal, was man über die typischen Erfolgstugenden sagt, über Fachkompetenz und Erfahrung, über Eloquenz, Fleiß und Durchsetzungsvermögen – die überdurchschnittlich erfolgreichen, zufriedenen und glücklichen Menschen haben alle eines gemeinsam: Sie sind erstaunlich gut informiert. Auf gut Deutsch: Sie klatschen und tratschen gerne! Doch noch immer ist Klatsch und Tratsch etwas, das man höchstens hinter vorgehaltener Hand tut. Völlig zu Unrecht, denn wissenschaftliche Studien beweisen, dass der »informelle Informationsaustausch« nicht nur eine der besten Entspannungstechniken ist, sondern auch Produktivität, Kreativität und Teamgeist fördert. Ganz zu schweigen von der eigenen Karriere!

Cornelia Topf erklärt, wie man des Menschen liebsten Zeitvertreib gezielt als Karriereleiter nutzt: Mit wem soll man klatschen und wo? Wie bringt man sich ins Gespräch ein und wie wird man allzu lästige Kletten wieder los? Wo hört harmloser Klatsch auf und wo wird's gefährlich?

Autorin

Cornelia Topf studierte Wirtschaftswissenschaften und ist heute Geschäftsführerin des von ihr gegründeten Trainingsinstituts für Erfolgskommunikation metatalk. Schwerpunktmäßig trainiert und coacht sie Führungskräfte und deren Mitarbeiter in den Bereichen Rhetorik, Präsentation, Gesprächs- und Verhandlungsführung sowie Körpersprache. Sie ist erfolgreiche Autorin mehrerer Sachbücher.

Cornelia Topf

Klug getratscht ist halb befördert

Intelligent kommunizieren in Beruf und Privatleben

Mosaik bei
GOLDMANN

Alle Ratschläge und Hinweise in diesem Buch wurden von der Autorin und vom Verlag sorgfältig erwogen und geprüft. Eine Garantie kann dennoch nicht übernommen werden. Eine Haftung der Autorin beziehungsweise des Verlags für Personen-, Sach- und Vermögensschäden ist daher ausgeschlossen.

FSC
Mix
Produktgruppe aus vorbildlich bewirtschafteten Wäldern und anderen kontrollierten Herkünften
Zert.-Nr. SGS-COC-1940
www.fsc.org
© 1996 Forest Stewardship Council

Verlagsgruppe Random House FSC-DEU-0100
Das für dieses Buch verwendete FSC-zertifizierte Papier *Munken Print* liefert Arctic Paper Munkedals AB, Schweden.

1. Auflage
Vollständige Taschenbuchausgabe März 2007
Wilhelm Goldmann Verlag, München,
in der Verlagsgruppe Random House GmbH

Die Hardcoverausgabe dieses Buches erschien unter dem Titel »Klatsch und Tratsch – die clevere Form der Kommunikation«.
Umschlaggestaltung: Design Team München
Umschlagmotiv: Katja Maasböl
Satz: Uhl + Massopust, Aalen
Druck und Bindung: GGP Media GmbH, Pößneck
WR · Herstellung: Han
Printed in Germany
ISBN 978-3-442-16796-8

www.mosaik-goldmann.de

Inhalt

Vorwort zu des Menschen liebstem Zeitvertreib

Haben Sie schon gehört? Diese unglaubliche Sache, die sich Ihr Nachbar am Wochenende geleistet hat? Nein, nicht der Nette, der andere! Hätten Sie gedacht, dass er so ein Schlawiner ist? Hätten Sie ihm das zugetraut?

Woher ich Ihre Nachbarn kenne? Gute Frage. Bessere Frage: Haben Sie diesen leichten Adrenalinkitzel, diesen spontanen Anfall von Neugier eben auch verspürt? Dann bringen Sie eine der wichtigsten Voraussetzungen für ein glückliches und erfolgreiches Leben mit: Sie klatschen gerne. Alle, die gerne klatschen, spitzen bei obigen Zeilen unwillkürlich die Ohren und verspüren den Impuls: »Au ja, erzähl doch mal!«

Klatsch und Tratsch halten Sie eher für eine Untugend? Oder zumindest nicht für besonders nützlich im »richtigen Leben«? Entschuldigung, aber wozu halten Sie dann dieses Buch in Händen? Sollten Sie nicht viel eher den Rasen mähen, das Budget noch einmal durchrechnen oder ein Sperrdifferenzial zerlegen? Nein? Warum nicht? Weil Sie es vielleicht nicht vor Freunden zugeben würden, aber insgeheim doch ahnen: Klatsch ist nützlich. Klatsch ist eines der am häufigsten unterschätzten Erfolgsrezepte der menschlichen Sprache. Wer klatscht, hat mehr vom Leben. Wer klatscht, *bekommt* mehr vom Leben. Klatschen bringt's. Tratschen bringt weiter. Sowohl privat als auch – das mag überraschen – beruflich. Klatsch ist wissenschaftlich nachgewiesen eine der besten Entspannungstechniken. Klatsch und Tratsch bieten Vorteile, die ernsthafte Kommunikationsforscher immer wieder in Erstaunen versetzen – ganz im Gegensatz zum Mann oder zur Frau auf der Straße.

Otto und Ottilie Normalverbraucher wissen nämlich schon lange, wie gut Klatsch tut. Immerhin sind zwei Drittel aller Alltagsgespräche – berufliche eingeschlossen – nichts weiter als Klatsch und Tratsch, wie verblüffte Kommunikationsforscher feststellten (wenn es auch Sie verblüfft, achten Sie doch mal darauf, worüber Sie den lieben langen Tag so reden). Wenn also demnächst mal wieder die Sprache auf des Menschen liebsten Zeitvertreib kommt, müssen Sie nicht rot werden und an etwas denken, das man gewöhnlich ohne nennenswerte Bekleidung betreibt. Denn klatschen und tratschen tun Sie bedeutend öfter!

Seit mehr als drei Jahrzehnten berate, trainiere und coache ich Führungskräfte, Managerinnen und Privatleute, Vorstandsvorsitzende und Angestellte und merke mit jedem Monat deutlicher: Egal, was man über die typischen Erfolgstugenden sagt, über Fachkompetenz und Erfahrung, über Eloquenz, Fleiß und Durchsetzungsvermögen – die überdurchschnittlich erfolgreichen, zufriedenen und glücklichen Menschen haben alle eines gemeinsam: Sie sind erstaunlich gut informiert. Sie wissen, was abgeht. Sie hören das Gras wachsen. Sie sind en courant, wie der Franzose sagt – auf dem

Laufenden. Auf Deutsch: Sie klatschen und tratschen gerne! Tratschen macht erfolgreich und glücklich!

Das hätten Sie nicht gedacht? Das tun die wenigsten. Klatschen wird von den meisten Menschen sträflich unterschätzt. Dabei ist es eines der ältesten Erfolgsinstrumente. Schon die alten Ägypter und vor ihnen die Höhlenmenschen klatschten und tratschten. Vor allem: Tratschen ist ein so einfaches Erfolgsrezept, dass es jede(r) kennt und beherrscht und auch schon betreibt. Also machen Sie sich frei vom schlechten Gewissen, dem gehetzten Blick auf die Uhr und dem Diktat der Effizienz und klatschen und tratschen Sie sich erfolgreich, angesehen, zufrieden und glücklich. Wie das geht? Lassen Sie uns drüber reden.

Ihre
Cornelia Topf

Die beste Informationsquelle
sind Leute, die versprochen haben,
nichts weiterzuerzählen.
Axel von Ambesser

1 Klatschen tut gut!

Klatsch fördert die Produktivität

Mit wem haben Sie heute schon ein Schwätzchen gehalten? Sie haben dafür keine Zeit? Die Arbeit würde drunter leiden? Ja haben Sie's denn nicht gehört? Klatsch und Tratsch fördern die Produktivität! Das ist amtlich!

Eine Studie des amerikanischen Center for Workforce Development zeigt, dass Arbeitnehmer 70 Prozent ihres Wissens über den Job und die Firma nicht aus offiziellen Schulungen und den Hausmitteilungen des Managements schöpfen, sondern aus Schwätzchen mit den Kollegen. »Informeller Informationsaustausch« nennt der Forscher das. Das heißt: Ohne Klatsch und Tratsch könnten die meisten ihre Arbeit überhaupt nicht oder nicht gut genug machen, weil schlicht das nötige Wissen fehlen würde! Wenn Sie also mit Kolleginnen und Kollegen tratschen, dann leisten Sie Ihrem Unternehmen einen Dienst, betreiben Weiterbildung mit minimalen Kosten, aber hohem Nutzen. Hätten Sie das gedacht? Klatsch ist eine Stütze der Produktivität!

Das sollte jemand mal Ihrem Chef sagen? Richtig, die

meisten Vorgesetzten haben das noch nicht mitbekommen. Immer mal wieder macht einer unrühmlich auf sich aufmerksam, indem er mit dem Schlachtruf »Klatsch gefährdet die Produktivität!« Kaffeeküchen, Sitzecken, verlängerte Kaffeepausen, Klatschzirkel und andere gute Gelegenheiten für gepflegten Klatsch-Talk einfach wegrationalisiert. Glücklicherweise wurden etliche dieser fehlgeleiteten Anti-Klatsch-Kreuzzüge von seriösen Forschern begleitet, die allesamt eine bestürzende Beobachtung machten: Werden Klatschzirkel geschlossen, dann steigt die Produktivität nicht, sie sinkt – teilweise dramatisch. Weil Grundlage jeder Motivation und Produktivität eine reibungslose Kommunikation ist – was man sich eigentlich denken könnte.

Zu einer reibungslosen Kommunikation gehört aber eben nicht nur die offizielle Firmenkommunikation. Wie lückenhaft, langsam und unspezifisch die ist, wissen Arbeitnehmer nur zu gut. Der informelle Klatsch hat also eine wichtige Kommunikationsfunktion, auf die ein modernes Unternehmen gar nicht mehr verzichten kann – wenn es weiß, was gut für es ist.

Den Vogel schoss neulich ein Manager ab, der verächtlich meinte: »Klatsch ist doch nicht effizient!« Woher haben manche Führungskräfte nur solche grandiosen Irrtümer? Natürlich scheint das Schwätzchen am Arbeitsplatz prima facie, auf den ersten Blick, kostbare Zeit zu kosten. Doch wer hinter diesem bescheidenen Zeitaufwand nicht den großen Nutzen der Produktivitätssteigerung erkennt, der muss sich vorwerfen lassen, das Investitionsprinzip des Wirtschaftens nicht verstanden zu haben. Klatsch fördert per Saldo die Produktivität! Klatsch ist ein Zeichen, kein Hindernis für Effizienz! Natürlich darf man es nicht übertreiben – doch das gilt für alle Mittel, Methoden und Medikamente. Penicillin ist so ziemlich das Nützlichste, was jemals erfunden wurde. Doch wer es überdosiert, kann damit Menschen umbringen. Ist Inkompetenz etwa ein Argument gegen Penicillin?

Klatsch tut Unternehmen gut

Wer hätte das gedacht: Klatsch ist ein Produktionsfaktor! Klatsch ist das Schmiermittel der innerbetrieblichen Wertschöpfung. Der Mensch lebt schließlich nicht vom Brot allein… Wenn also wieder mal ein »Großkopferter« einen Klatschzirkel mit den Worten auseinandertreibt, »Haben Sie nichts Besseres zu tun? Zurück an die Arbeit!«, dann wissen zumindest Sie es besser. Lassen Sie den Armen in seinem Irrglauben. Besser: Schenken Sie ihm bei nächster Gelegenheit dieses Buch. Man ist als Mitarbeiter ja immer auch ein wenig für die Weiterbildung seiner Vorgesetzten verantwortlich…

Dieselben Manager übrigens, die Klatsch und Tratsch unter ihren Mitarbeitern am liebsten verbieten würden, würden sich ein Klatschverbot für sie selbst heftigst verbitten. Denn jeder Manager schätzt den informellen Informationsaustausch, wie mir Coachees aus dem Management immer wieder bestätigen: »Unsere Meetings kann man eigentlich vergessen – bis auf die Pausen. Die interessantesten und produktivsten Gespräche finden immer in den Kaffeepausen statt.« Deshalb werden Arbeitspausen so gerne haltlos überzogen! Nicht so sehr, weil man sich vor der Arbeit drücken möchte, wie gerne höheren Orts unterstellt wird, sondern weil in Arbeitspausen in der Regel produktiver kommuniziert wird als in offiziellen Meetings!

Klatsch als Stresskiller

Klatsch tut nicht nur Ihrem Betrieb und Ihrem Chef gut, sondern auch Ihnen selbst. So meldete die Süddeutsche Zeitung unter Berufung auf die AFP (13.3.04): »Wenn die Bundesbürger am Arbeitsplatz entspannen wollen, reden sie am liebsten mit Kollegen: 76 Prozent setzen auf Gespräche zur Entspannung, wie eine Umfrage im Auftrag der Deutschen Angestellten-Krankenkasse (DAK) ergab. Knapp zwei Drittel der Befragten trinken Kaffee oder essen eine Kleinigkeit. Immerhin jeder Zweite geht an die frische Luft. Auf Gymnastik oder Dehnübungen setzen nur 17 Prozent aller Befragten.« Das Schwätzchen ist als Stresskiller noch beliebter als die obligate Tasse Kaffee.

Das Schwätzchen bei der Arbeit ist nicht nur beliebt, es ist auch wirksam: Hängt man klatschende Probanden an EEG und EKG, ergeben sich Herz- und Hirnstromwerte, die durchaus mit denen bei gängigen Entspannungstechniken vergleichbar sind. Klatschen entspannt! Aber das erfahren und genießen Sie bestimmt schon lange täglich selbst. Bleiben Sie dabei. Sie sind erstens in guter Gesellschaft (mit 76 Prozent aller Arbeitnehmer!), zweitens ist es gesund und drittens daher sinnvoll – wenn das schon die Krankenkassen sagen... Klatsch auf Rezept sozusagen.

Just do it!

Dass Klatschen entspannt, würden die meisten Menschen unterschreiben, weil sie es aus eigener Erfahrung kennen. Trotzdem verkneifen sich heutzutage viele das entstressende Schwätzchen bei der Arbeit, weil die Zeit drängt und das schlechte Gewissen plagt. Dieser scheinbar so logische Verzicht erweist sich als Fehler. Denn wird der Stress nicht umgehend nach Auftauchen eines Stressors ausgeglichen, staut er sich auf, bis man am Feierabend entweder völlig erledigt ist (vom Stress, nicht von der Arbeit) oder am liebsten jemand an die Gurgel gehen möchte. (Akuter) Stress an sich ist nicht gefährlich. Gesundheitlich bedenklich wird er erst, wenn er zu lange Ihr Nervensystem vergiftet.

Wenn Sie also im Stress stecken und Ihnen der Sinn nach einem entspannenden Schwätzchen steht, dann folgen Sie diesem Impuls unbedingt. Es ist ein gesunder Impuls, wie Hunger und Durst auch. Es bringt nichts, wenn man Durst ignoriert. Lassen Sie sich nicht von der unsinnigen Einflüsterung abhalten, dass Sie für das Schwätzchen keine Zeit hätten. Denn so ein Schwätzchen entfaltet schon nach zwei bis drei Minuten seine entspannende Wirkung. Danach arbeiten Sie viel produktiver und entspannter. Sie holen die investierte Zeit also locker wieder auf. Klatsch und Tratsch kosten per Saldo keine Zeit, ganz im Gegenteil, sie sparen welche, fördern Motivation und Produktivität. Klatsch ist eine gute Investition, eine Investition mit hohem ROI – oder besser hohem ROK: Return on Klatsch.

Das können Sie sich alles wirklich gut vorstellen, werden aber das verdammte schlechte Gewissen trotzdem noch nicht ganz los? Dann hören Sie doch mal, was die Krankenschwestern der St. Bartholomew School of Nursing zum Thema Klatsch und Tratsch zu erzählen haben.

Die Londoner Schwestern-Studie

Die St. Bartholomew School of Nursing an der Londoner City University untersuchte zu Beginn des neuen Jahrtausends die

Bedeutung von Klatsch und Tratsch für Berufstätige. Die Ergebnisse sind eine Offenbarung:

- Ausnahmslos alle befragten Krankenschwestern gaben zu, über Patienten, Kolleginnen und Ärzte zu klatschen. Klatsch und Tratsch sind also nicht etwas Unanständiges, was höchstens ein paar notorische Klatschbasen tun. Klatsch ist etwas zutiefst Menschliches, ein Grundbedürfnis bei der Arbeit sozusagen. Jeder Mensch hat ein Recht darauf, bei der Arbeit zu klatschen!
- Obwohl alle klatschten, verurteilten einige doch das Klatschen am Arbeitsplatz – was beweist, dass man auch wegen etwas Sinnvollem, Nötigem und Nützlichem ein schlechtes Gewissen haben kann, solange es der Chef oder die Gesellschaft fahrlässigerweise stigmatisieren.
- Klatschen und Tratschen hatte für die Befragten die Bedeutung eines Stressventils. Viele bezeichneten Klatsch und Tratsch als »befreiend« oder gar »therapeutisch«. Donnerwetter! Klatsch ersetzt den Therapeuten! Ob Freud das wusste?
- Die festgestellte starke Wirkung von Klatsch und Tratsch liegt in der einzigartigen Möglichkeit, klatschend seine »wahren Gefühle« am Arbeitsplatz zu artikulieren. Jeder kennt das Gefühl, wenn es einen schier zerreißt, weil einem etwas auf der Seele brennt. Klatschen erleichtert und befreit von diesem emotionalen Druck.
- Negativer Klatsch ist weitaus stärker verbreitet als positiver, weil er den Stress besser ableitet. Das weiß eigentlich jeder Azubi: Ablästern erleichtert! Oder wie ein Azubi einmal sagte: »Unser Chef ist nur zu ertragen, weil wir hinter seinem Rücken immer mächtig über ihn herziehen!«

Apropos Klatsch und Freud. In den 1980er-Jahren erregte eine im Time-Magazin kommentierte Studie Aufsehen. Bei dieser Studie unterzog sich eine Gruppe Probanden mit den üblichen Zivilisationsneurosen einer herkömmlichen Gesprächstherapie, während eine Kontrollgruppe in derselben Zeit eine Bar besuchte, um sich dort zwanglos mit einem ganz gewöhnlichen Barkeeper zu unterhalten. Die Ergebnisse waren so revolutionär und ketzerisch, dass Time damals von der »Barhocker-Therapie« sprach: Beide Gruppen bekamen in gleicher Weise ihre Neurosen in den Griff. Die therapeutisch betreute Gruppe erfuhr keinen statistisch bedeutsamen Vorteil. Es ist also gar nicht so weit hergeholt, wie die Nurse-Study vermuten lassen könnte: Klatsch kann tatsächlich den Therapeuten ersetzen!

Das sagen Sie schon lange? Ohne Ihren Stammtisch oder Ihr wöchentliches Kaffeekränzchen könnten Sie nicht leben? Dann haben Sie die heilsame und entstressende Wirkung von Klatsch und Tratsch schon entdeckt. Unbedingt weitermachen!

Klatsch & Tratsch

Schauen Sie auch so gerne Quiz-Sendungen? Nicht wahr, man kann sich dabei herrlich über mäßig belichtete Zeitgenossen mokieren. Frage des Quizmasters zum Beispiel: »Wie heißen die Haare an den Außenkanten der Augenlider?« Antwort des Kandidaten: »Koteletten!« Da bekommt beim Coiffeurbesuch der Satz »Bitte Koteletten stutzen!« doch einen ganz neuen Risikogehalt!

Klatsch ersetzt den Chef

Wäre das nicht schön? Das wäre es nicht nur, das ist es schon. Klatsch ersetzt bereits viele Funktionen eines Vorgesetzten, wenn der Vorgesetzte eben nicht so gut ist, wie er sein sollte. In der offiziellen Verlautbarung der City University heißt es: »Das Bedürfnis, zu tratschen, kann ein Versagen der Mitarbeiterführung im Bereich von Supervision und Mentoring anzeigen.« Mitarbeiter klatschen also, weil und wenn die Führung versagt!

Eine der befragten Krankenschwestern erklärt das so: »Die meisten Stationen im Krankenhaus haben eine offizielle Supervision. Es wird erwartet, dass die Mitarbeiter dort reingehen und eine Stunde lang ihr Herz ausschütten. Das Problem daran ist, dass der Zeitpunkt, wenn du tatsächlich mal Unterstützung von Vorgesetzten brauchst, das nicht unbedingt um halb drei an einem Dienstagnachmittag ist. Für die meisten Kolleginnen ist der Kontext der Unterstützung von oben so falsch, dass sie einfach andere Möglichkeiten suchen, um Dampf abzulassen. Also gehen sie lieber zurück auf die Station und machen sich dort Luft!«

Eigentlich logisch, nicht? Rückendeckung von oben benötigt man, wenn man voll im Stress steht – und nicht drei Tage später beim Jour fixe oder in fünf Wochen beim nächsten Beurteilungsgespräch, wenn der Stress schon lange bewältigt und vergessen ist. Rückendeckung vom Chef ist offensichtlich in vielen Betrieben nicht dann verfügbar, wenn es nötig wäre, sondern wenn es dem Chef in den Kram passt. Deshalb ist Klatsch besser als ein Chef: Klatsch ist immer verfügbar!

Proletarier aller Länder, klatscht!

Kathryn Waddington, Leiterin der Studie, sagt: »Es steht außer Zweifel, dass Klatsch und Tratsch den Mitarbeiterinnen und Mitarbeitern helfen, mit dem Druck, dem Stress und dem Kummer am Arbeitsplatz besser fertig zu werden. Ohne Klatsch und Tratsch würden es die Mitarbeiter schwerer haben, emotional mit dem Druck am Arbeitsplatz zurechtzukommen – und viele würden einfach den Beruf wechseln.«

Das heißt: Ohne Klatsch und Tratsch hält es kein vernünftiger Mensch bei der Arbeit aus! Dafür hätten Sie keine teure Studie gebraucht? Das wussten Sie auch so? Wie schön, dass Ihr subjektives Empfinden nun auch wissenschaftlich belegt ist. Klatsch ist nachgewiesenermaßen

- ein ideales Ventil, um Dampf abzulassen,
- ein überlebenswichtiges Instrument zur Stressbewältigung am Arbeitsplatz (und anderswo),
- ein wichtiger Faktor der Job Retention, der Mitarbeiterbindung an den Betrieb (wer als Chef seinen Mitarbeitern das Tratschen verbietet, treibt sie in die (innere) Kündigung),
- ein Ausgleich für das Versagen der offiziellen Mitarbeiterführung,
- ein unverzichtbares Mittel, wenn man's bei der Arbeit aushalten, geistig und körperlich gesund bleiben möchte.

Klatsch ist gesund!

Es ist bekannt, dass Tagebuchschreiben für viele Menschen besser zum Stressabbau geeignet ist als Joggen oder autogenes Training – weil man im Gegensatz zum Joggen beim Schreiben die Stressreize kognitiv und emotional verarbeitet und bewältigt. Eine Studie an der Universität Texas wies diese gesundheitsförderliche Wirkung auch für E-Mails nach, sofern per E-Mail geklatscht wird. Die Studie untersuchte an 150 Collegestudentinnen und -studenten den Zusammenhang zwischen dem Inhalt ihrer Mails und ihren krankheitsbedingten Fehlzeiten im Unterricht.

Dabei zeigte sich, dass Probanden, die in ihren Mails über traumatische Erfahrungen und Ängste schrieben, in den folgenden Wochen deutlich seltener im Unterricht fehlten als jene, deren Mails lediglich fachlichen oder allgemeinen Inhalts waren. Und was für Studenten gilt, gilt selbstverständlich auch für Arbeitnehmer, Angestellte und insbesondere auch für Manager. Klatschen (per E-Mail oder mündlich) hält gesund und reduziert Krankheitstage! Klatschen ist tatsächlich ein sinnvolles Element der betrieblichen Gesundheitspolitik! Ein Betriebsrat sagte sogar einmal: »Ich habe das Gefühl, dass Klatschen viel besser gesund hält als Sport. Sport kann ich nämlich erst nach der Arbeit machen. Vielleicht sollten wir zusätzlich zu unserer Betriebssportgruppe auch eine Betriebsklatschgruppe gründen.« Was der Betriebsrat noch halb im Spaß sagte, hätte der Betriebsarzt wohl sofort unterschrieben …

Klatsch wird auch als Psychohygiene-Faktor bezeichnet. Unter diesem Aspekt ist es geradezu unverzeihlich, wenn Klatsch und Tratsch als »unnötig«, »unschicklich« oder als »Zeitverschwendung« stigmatisiert werden. Sie würden ja auch Zähneputzen nicht als unnötig oder unschicklich bezeichnen, oder? Ohne Klatsch und Tratsch kann ein normaler Mensch in unserer stressigen Zeit geistig nicht überleben, geschweige denn körperlich gesund bleiben. Auch das weiß der Volksmund längst, wenn er sagt, dass es nicht gesund ist, »alles in sich reinzufressen«.

Klatsch & Tratsch

Klatsch fremder Berufe finde ich extrem unterhaltsam, finden Sie nicht auch? Neulich erzählte mir ein Fluglotse, dass er einen Airbus-Piloten angewiesen hatte: »Um Lärm zu vermeiden, schwenken Sie bitte 45 Grad nach rechts.« Auf die Frage des verdutzten Piloten, welchen Krach er in 35 000 Fuß Höhe schon groß machen könne, meinte der Lotse: »Es kracht sicher ziemlich laut, wenn Sie gleich mit Ihrem Airbus in die Boeing 727 vor Ihnen reinknallen!«

Überlassen Sie Klatsch nicht dem Zufall

Denn dafür ist er viel zu wichtig. Wenn Sie also einen (oder besser mehrere!) E-Mail-Partner haben, mit dem Sie nicht nur Fachliches, sondern auch persönlichen Klatsch und Tratsch austauschen, dann pflegen Sie den Partner unbedingt und nutzen Sie diese einfache und kostenlose Gesundheitsvorsorge. Wenn Sie noch keinen haben, mit dem oder mit der Sie auch über die Schattenseiten der Arbeit zeitnah klatschen können, dann suchen Sie sich schnellstmöglich einen Klatschpartner oder E-Mail-Brieffreund. Das sind Sie sich und Ihrer Gesundheit schuldig.

Klatsch hält Sie tatsächlich gesund! Das ist wissenschaftlich erwiesen. Also lassen Sie sich nicht das Klatschen verbieten. Gesunde Ernährung und ausreichend Bewegung lassen Sie sich ja auch nicht verbieten, oder?

Aber binden Sie diese wissenschaftliche Erkenntnis lieber nicht Ihrem Chef auf die Nase. Dass Klatschen gesund ist, übersteigt das intellektuelle Fassungsvermögen vieler Vorgesetzter noch etwas. So modern ist unsere globale Wirtschaft dann doch noch nicht, dass allen Führungskräften dieser Zusammenhang geläufig wäre.

Der große Stress-Irrtum

Unterschätzen Sie nicht die entstressende Wirkung von Klatsch und Tratsch bei der Arbeit (damit sind auch Hausarbeit und Kindererziehung gemeint). Die meisten Menschen tun genau das, indem sie auf einen verbreiteten Stress-Irrtum hereinfallen. Sie bekämpfen den Stress *nach* dem Stress. Sie entspannen sich, joggen, radeln, schwimmen oder machen Yoga – *nach* der Arbeit.

Das ist ein Fehler. Leider wird in vielen Zeitschriften, Büchern und Seminaren dieser Fehler verbreitet: Nach dem Stress sollte man sich entspannen oder einen Ausgleich suchen. Das ist barer Unfug. Das ist so, also würde man empfehlen, nach einer nackt im Freien verbrachten Winternacht Penicillin zu schlucken. Natürlich muss man das, weil jeder normale Mensch sich in einer nackten Winternacht eine Riesenerkältung, wenn nicht eine Lungenentzündung holt! Aber wer sich schon *während* der Nacht warm anzieht, kann die Penicillinpackung in der Hausapotheke stehen lassen.

Es ist gut, macht Spaß und entspannt, wenn Sie nach der Arbeit joggen, um den Stress abzubauen. Doch wenn Sie *bei* der Arbeit klatschen, dann bauen Sie den Stress noch *wäh-*

rend der Arbeit ab. Sie schleppen ihn nicht stundenlang im Körper mit sich herum, wo er in jeder Minute Ihre Blutgefäße noch mehr verstopft, Ihr Cholesterin nach oben treibt, Minute für Minute Magengeschwüre, Herzprobleme, Schuppen, Hautprobleme, Rückenbeschwerden und psychosomatische Leiden verursacht!

Schweigen ist Silber, Reden ist gesund

Stress macht krank wie nasse Socken auch. Jede Minute, die Sie in nassen Socken herumstehen, erhöht das Risiko einer Erkrankung exponentiell. Wenn Sie nasse Socken haben, dann warten Sie nicht bis zum Abend, um sie zu wechseln! Sie wechseln gleich. Behandeln Sie Stress bei der Arbeit einfach wie nasse Socken.

Wenn Sie den Stress *während* der Arbeit bekämpfen, dann brauchen Sie die Joggingrunde am Abend nicht zum Stressabbau, sondern können rein des Spaßes und der Freude an der Bewegung wegen joggen. Beobachten Sie das doch mal am eigenen Körper, falls Sie das nicht längst schon getan haben: Verzichten Sie an einem durchschnittlichen Stresstag einmal ganz bewusst auf das entspannende Schwätzchen und beobachten Sie Ihren Stresslevel, Ihren Blutdruck und Ihr Spannungsgefühl. Wie fühlt sich das an? Spüren Sie, wie sich in Ihnen immer mehr Stress aufstaut? Wie der innere Druck immer stärker zunimmt? Nehmen Sie das Gefühl ganz bewusst wahr: Das ist Stress – nicht das, was von außen auf Sie einstürmt! Stress ist kein Ereignis, sondern ein Gefühl. Und dann halten Sie ganz bewusst ein kleines Schwätzchen, direkt mündlich, telefonisch oder per E-Mail – und beobachten Sie wieder die innere Wirkung. Sehr befreiend, nicht wahr?

Wer sich diese kleine Übung zur Gewohnheit macht, kann seinen Stress im Alltag locker um die Hälfte reduzieren. Viele Menschen machen das ganz automatisch. Jene, die es nicht tun, fühlen sich nach Feierabend sehr viel gestresster.

Klatsch fördert die Leistung

Gute Führungskräfte kennen den vitalen Zusammenhang von Stress und Klatsch. Oliver Nagler, Teamleiter in einem Call Center, meint: »Stundenlang per Telefon verkaufen ist ganz schön stressig. Wir animieren unsere Teammitglieder deshalb, nicht bis zum Feierabend zu warten, sondern schon in den Arbeitspausen ihren Stress abzubauen. Manche machen Treppensteigen, Gymnastik oder Schattenboxen, andere ziehen sich zurück und viele gehen einfach zum Kollegen und lassen Dampf ab. Wir unterbinden das nicht. Wir fördern das. Denn ohne Stressausgleich sinkt die Leistungskurve nach ein, zwei Stunden Arbeit dramatisch. Ein guter Vorgesetzter darf das nicht ignorieren. Klatschpausen sind einfach gut für die Leistung.«

Das leuchtet ein, nicht? Und das gilt nicht nur für die Arbeit in Call Centern, sondern für jede Arbeit. Vorgesetzte, die Klatschen bei der Arbeit unterbinden, denken nicht leistungs- und ergebnisorientiert.

Klatsch formt Teams

Klatsch schweißt ein Team erst so richtig zusammen. Man kann noch so viele Jahre gut miteinander arbeiten – davon entsteht seltenst das nötige Wir-Gefühl, der Teamgeist, der Esprit de Corps.

Der nötige Korpsgeist entsteht erst, wenn man mal abends

nach dem Messebesuch gemeinsam beim Pils versumpft ist, öfters mal beim Bürokaffee abgelästert, gemeinsam einige Leichen im Keller hat. Dadurch, dass man über Außenstehende redet, entsteht ein eigenständiges Wir-Gefühl.

Deshalb sind die informellen Treffs in Teams, die Kaffee-, Seminar-, Rauch- und Besprechungspausen für die Teambildung so wichtig. In diesen Pausen wächst erst zusammen, was zusammengehört. Wenn schon für einen Einzelnen Klatsch und Tratsch immens wichtig sind, dann ist Klatschen für Teams geradezu existenziell, eine conditio sine qua non. Gerade in der Phase, in der Teams sich zusammenraufen, ist der informelle Austausch oft wichtiger als die sachliche und fachliche Kommunikation. Denn nur der Klatsch verbindet menschlich. Der verbreitete Spruch, dass man »Arbeit und Persönliches trennen« soll, dass man die Zusammenarbeit nur auf »das streng Berufliche« beschränken soll, ist ein echter Teamkiller. Wer nicht miteinander klatscht, wird auch nie ein richtiges Team, sondern höchstens ein Haufen Experten, die halt notgedrungen zusammenarbeiten müssen.

Soziale Stigmatisierung

Klatsch ist geradezu gefährlich – wenn man nicht an ihm teilnimmt! Wenn Klatsch und Tratsch ein Wir-Gefühl schaffen, dann ist das einerseits gut fürs Team, andererseits schlecht für jeden, der außerhalb des Klatschzirkels steht. Dazu zählen regelmäßig Menschen, die auf Klatsch und Tratsch nicht viel geben, »etwas Sinnvolleres zu tun«, »keine Zeit für so was« haben, eben nicht mitklatschen, wenn irgendwo ein Häufchen Kollegen steht und über Chefs und Kunden ablästert.

Diese klatsch-abstinenten Kollegen mögen fachlich noch so kompetent sein und sich moralisch noch so sehr im Recht fühlen – sie werden es nicht weit bringen, nicht wirklich anerkannt und respektiert werden. Warum nicht? Weil sie nicht »dazugehören«. Weil sie sich selbst ausschließen, sich selbst ins Abseits stellen. Es ist eine harte Erkenntnis, doch sie gilt überall dort, wo Menschen zusammenleben oder -arbeiten: Wer nicht mitklatscht, gehört nicht dazu. Also wird er auch nicht respektiert oder gefördert, oft noch nicht einmal toleriert. Wer nicht mitklatscht, gilt im besten Fall als Sonderling oder Einzelkämpfer, im schlimmsten als Spielverderber und Intrigant – den man auch gerne mal mobbt. Das ist interessant, nicht? Klatsch und Tratsch als Mobbing-Prävention: Wer klatscht, wird nicht gemobbt (zum Thema Mobbing siehe auch Kapitel 6, Seite 206 f.).

Die meisten Menschen, die eine Abneigung gegen Klatsch und Tratsch haben, spüren die Ablehnung der Kollegen recht deutlich. Warum machen sie dann nicht mit? Weil sie sich unsicher dabei fühlen, weil sie nicht wissen, was sie sagen sollen. Spätestens wenn Sie die letzte Seite dieses Buches umblättern, wissen Sie es.

Sie finden es ungerecht, dass nicht Leistung, Fähigkeiten oder Charakter darüber entscheiden, ob man dazugehört? Das ist Ihr gutes Recht. Sie übersehen dabei nur eines: Der Mensch ist nun mal ein être sociable, wie der Franzose sagt, ein soziales Wesen. Und das wichtigste Instrument jeder Gesellschaft ist die Kommunikation. Wer kommuniziert, gehört dazu. Da zwei Drittel der menschlichen Kommunikation Klatsch und Tratsch sind, kann man sich nicht über die fachliche Kommunikation dazugesellen. Das reicht einfach nicht.

Jede(r) von uns lebt in einer Gemeinschaft. Wir mögen die Regeln dieser Gemeinschaft nicht besonders erquickend empfinden. Doch wenn wir diese Regeln ignorieren, schaden wir damit letztendlich nur uns selbst…

Checkliste

Wo wird geklatscht?

- ○ Wo sind die Klatschzirkel? Wo wird an Ihrem Arbeitsplatz, in Ihrem Privatleben, im gesellschaftlichen Umfeld geklatscht?
- ○ Wann wird geklatscht?
- ○ Wie viel Zeit nehmen Sie sich, um mitzuklatschen? Genug?
- ○ Wer ist jeweils Mitglied in diesen Klatschzirkeln?
- ○ Stellen Sie geistig gegenüber oder (besser noch) listen Sie schriftlich auf: In welchen Klatschzirkeln sind Sie regelmäßig TeilnehmerIn?
- ○ Und in welchen würden Sie gerne TeilnehmerIn sein?
- ○ Wie kommen Sie da rein?
- ○ Was können Sie dafür tun?
- ○ Wann tun Sie's?
- ○ Klatschen Sie genug, um dort dazuzugehören, wo Sie dazugehören (wollen)?
- ○ Wenn es lediglich eine Sache des guten Willens ist: Springen Sie einfach über Ihren Schatten und klatschen Sie mit! Nicht immer, aber immer öfter.

Klatsch fördert die Karriere

Sicher haben Sie schon vom Old Boys Network (OBN) gehört. Das ist nichts anderes als ein Anglizismus für einen Klatschzirkel unter Männern. Das Kaffeekränzchen für berufstätige Herren sozusagen. Es ist an sich nichts Großartiges, dass Männer klatschen – obwohl einige Geschlechtsgenossen behaupten, dass nur Frauen klatschen, was natürlich Quatsch ist. Männer sind lediglich geschickter darin, ihre Klatschzirkel zu tarnen. »Wenn mein Alter mit den Kumpels ein Bier trinken geht, dann heißt das gleich Arbeitsbesprechung«, verriet mir eine geplagte Ehefrau. Und eine Sekretärin sagte mir mal: »Die meisten Meetings, bei denen ich dabei sein muss, sind Kaffeeklatsch mit Protokoll!«

Den Rahmen für männlichen Kaffeeklatsch auf höchstem Niveau bietet das Old Boys Network. Es gibt in jedem Unternehmen einen offiziellen und einen inoffiziellen Dienstweg abseits aller Organigramme. Der inoffizielle ist der mächtigere. Er bestimmt, wer befördert wird und wer nicht, wer die guten Projekte, Kunden, Aufträge bekommt und wer nicht, wer mehr Budget bekommt und zur Weiterbildung geschickt wird. Wer gut angesehen beim Chef ist und wer schlicht ignoriert wird.

Um es ganz einfach auszudrücken: Sind Sie in den richtigen Klatschzirkeln, dann müssen Sie sich um Ihren Arbeitsplatz, um Karriere und berufliche Zukunft nicht allzu viele Sorgen machen. Da erhebt sich doch die Frage: Wie kommen Sie rein in diese wichtigen und nützlichen Klatschzirkel? Weil diese Frage für Ihr Berufsleben so wichtig ist, widmen wir ihr ein eigenes Kapitel (siehe Kapitel 8, Seite 231 ff.).

Das Gras wachsen hören

Wie die erwähnte Studie des Center for Workforce Development zeigt, beziehen Arbeitnehmer 70 Prozent ihres Wissens über ihre Arbeit und ihr Unternehmen nicht aus den offiziellen Kanälen und Schulungen, sondern aus dem informellen Informationsaustausch. So nennt die Wissenschaft das, was im Büroslang ganz einfach Flurfunk heißt.

Der Flurfunk weiß von Fusionen, Werksschließungen und den nächsten Entlassungen schon, während das Topmanagement noch vehement dementiert. Der Flurfunk weiß lange vor den offiziellen Kanälen, wann wieder komplette Bereiche dem Outsourcing zum Opfer fallen. Der Flurfunk weiß, was wirklich hinter groß angekündigten Projekten und Strategien steckt und wessen Kopf rollt, wenn die Sache schiefgeht. Die Buschtrommeln verraten immer mehr als die offiziellen Verlautbarungen. Der Manager-Speak ist oft unverständlich, die Buschtrommeln dagegen sprechen eine deutliche, unverblümte, unpolitische Sprache. Sie verraten mehr als die offiziellen Statements. Sie verraten die verschwiegenen Hintergründe hinter den offiziellen Verlautbarungen. Sie vermitteln oft die wichtigeren und zuverlässigeren Informationen.

An bestimmte Informationen kommt man überhaupt nur über die inoffiziellen Kanäle ran. Ein Beispiel dafür sind interne Stellenausschreibungen. Bewirbt man sich um eine intern ausgeschriebene Position, erfährt man oft hintenrum, dass der Posten eigentlich schon besetzt ist – weil jemand, der gut klatschen und tratschen kann, die Ausschreibung kannte, noch bevor sie aushing, und sich schneller ins Gespräch brachte.

Der Flurfunk ist zur wichtigsten Informationsquelle in modernen Unternehmen geworden. Dass die meisten Manager das nicht berücksichtigen, ist ein Problem – aber es ist deren Problem. Die Flurfunker wissen, wie wichtig die Buschtrommel ist. Haben Sie heute schon auf den Flur gehört? Was sagen die Buschtrommeln? Verbarrikadieren Sie sich nicht hinter Ihrer Bürotür, gehen Sie raus und zapfen Sie den Flurfunk an. Wenn Sie sich auf offizielle Informationen verlassen, sind Sie verlassen. In der heutigen Zeit des fortschreitenden Arbeitsplatzabbaus und der beruflichen Überlastung ist es viel wichtiger als früher, ständig auf dem Laufenden zu sein, das Gras wachsen zu hören. Das ist nur mit Klatsch und Tratsch möglich. Wer klatscht, sichert seinen Arbeitsplatz oder zumindest seine Employability, wie das neuerdings heißt.

Warum der Wandel floppt

Immer noch scheitern 80 Prozent der internen Change-Projekte in Unternehmen. Reorganisationen richten mehr Unheil an, als sie Produktivitätsfortschritt bringen. Kostensenkungen sind nach spätestens zwei Jahren wieder aufgeholt. Das Management des Wandels hat größtenteils versagt. Warum? Weil Change Management nie wirklich den Flurfunk unter Kontrolle bringen konnte.

Der Vorstand verkündet: »Wir werden Qualitäts-Marktführer!« Der Flurfunk kommentiert: »Dieses Change-Projekt sitzen wir auch noch aus!« Was wird gemacht? Was der Vorstand sagt? Wer das glaubt, glaubt sicher auch, dass Zitronenfalter Zitronen falten. Natürlich engagiert sich jeder Mitarbeiter pro forma, doch mit dem Herzen sind nur die wenigsten dabei. Das Gros der Belegschaft sitzt das Projekt aus. Weil es der Flurfunk empfiehlt. So gesehen ist Klatsch eine subversive Macht; oft mächtiger als der große Vorstand.

Deshalb sind nur die 20 Prozent aller internen Veränderungsprojekte erfolgreich, die den Flurfunk nicht fahrlässig ignorieren, sondern auf ihn hören, mit ihm kommunizieren und ihn zum Verbündeten machen. Klatsch ist ein entscheidender Erfolgsfaktor beim Change Management. Wird er ignoriert, dann scheitern Veränderungsprojekte oder bringen enttäuschende Ergebnisse.

Klatsch ist innovativ

Viele Forscher und Entwickler, Designer und Kreative verraten: »Die besten Ideen kommen mir regelmäßig beim zwanglosen Klatsch mit Kollegen.« Warum? Weil man ohne Druck am kreativsten ist. Auf Befehl oder Knopfdruck kann niemand kreativ sein. Wer etwas gegen Klatsch und Tratsch hat, ist ungewollt innovationsfeindlich.

Deshalb funktionieren Klatsch und Tratsch auch oft besser als Brainstorming: Beim Klatschen ist man eben entspannter als beim Brainstorming.

Klatsch & Tratsch

Falls Ihnen mal der Tratschstoff ausgeht: Kinder sind eine ideale und vor allem unerschöpfliche Quelle für Klatsch und Tratsch. Die Kleine einer Nachbarin fragte neulich: »Mama, warum wurden früher die Leute in Frankreich mit der Gelatine hingerichtet?« Und der Jüngste vom Bäcker schrieb in seinem letzten Aufsatz: »Wenn Männer nur eine einzige Frau heiraten dürfen, nennt man das Monotonie.« So jung und schon den vollen Durchblick!

Klatsch ist gut für die Kreativität

Welche Ideen kommen Ihnen beim unverbindlichen Austausch mit anderen? Ein Tipp: Tragen Sie immer einen Notizblock oder den Palm bei sich, um die Ideen zu notieren. Denn diese Ideen stellen sich oft als die besten heraus.

Vermerken Sie auch jeweils den Gesprächspartner. Nach einigen Notizen werden Sie möglicherweise eine Häufung feststellen: Bei ganz bestimmten Gesprächspartnern haben Sie die besten Ideen. Damit haben Sie einen der wichtigsten Schlüssel des Kreativitätsmanagements in der Hand. Sie können quasi auf Zuruf, auf Befehl, auf Knopfdruck kreativ werden – eine der schwersten Künste überhaupt. Sie brauchen bloß ganz unverbindlich Ihren besten Ideengeber anzuhauen und eine Runde mit ihm zu plauschen und schon fließen die Ideen! Im Gespräch mit wem kommen Ihnen regelmäßig die besten Ideen?

Noch ein Tipp: Sie dürfen Ihrer persönlichen Muse ruhig mal ein positives Feedback geben. Das muss nicht überschwänglich sein. Eine kleine Anmerkung dann und wann genügt, um die Dienste der Muse auch in Zukunft zu sichern.

Klatsch ist praxisnäher

Noch einmal zurück zur Studie des amerikanischen Center for Workforce Development. Warum holen Arbeitnehmer 70 Prozent ihres Wissens über Job und Firma nicht aus offiziellen Schulungen und Hausmitteilungen, sondern aus Schwätzchen mit den Kollegen? Weil erstens Klatsch und Tratsch Problemlösungen liefern, wenn der Arbeitnehmer sie braucht – er muss nicht bis zum nächsten Seminar damit warten. Und weil zweitens trotz aller Fortschritte bei der Personalentwicklung viele Trainings immer noch sehr billig gemacht werden. Das heißt, sie verwenden zu viele abstrakte Inhalte und praxisferne Beispiele, mit denen der Seminarbesucher in seiner realen Lebens- und Arbeitswelt nicht allzu viel anfangen kann.

Klatsch und Tratsch dagegen sind praxisbezogen, aus dem eigenen Unternehmen, einfach näher an dem, was dem Praktiker im konkreten Fall wirklich weiterhilft. Beim Klatschen werden Erfahrungen, keine blutleeren Theorien, ausgetauscht. Das ist glaubwürdiger und eher umsetzbar. Deshalb integrieren clevere Trainer Klatsch und Tratsch auch in ihre Seminare. Das nennt man dann hochoffiziell Erfahrungsaustausch oder Best Practice – wobei natürlich jeder seriöse Trainer es sich verbitten würde, seine Erfa-Austausch-Gruppen als Klatsch und Tratsch bezeichnet zu sehen.

Klatsch ist gut fürs Image

Wer klatscht, ist beliebt. Sie haben ja recht: Klatschbasen sind weniger beliebt als berüchtigt. Doch Klatschbasen übertreiben es auch fraglos – deshalb heißen sie so. Wer dagegen hin und wieder andere mit nützlichen, überraschenden oder interessanten Neuigkeiten versorgt, der ist einfach gut angesehen und seinerseits mit dem neuesten Klatsch versorgt. Oder wie ein Verkaufsleiter es einmal ausdrückte: »Klatsch ist auch eine Form der Kundenpflege!« Wer andere mit dem versorgt, was sie interessant finden, tut ihnen einen Gefallen. Klatsch ist Kundenorientierung.

Wer klatscht, macht sich für andere interessant. Das ist ein uraltes Spiel: »Ich weiß etwas, was du nicht weißt!« Darauf springen alle Menschen an, das ist ein kommunikativer

Reflex. Denn alle Menschen sind von Haus aus neugierig; das ist Veranlagung. Wer wohl dosiert klatscht, erfährt soziale Aufwertung, ist beliebt, hat ein gutes Image. Klatsch wirkt imagebildend. Also überlegen Sie nicht, wen Sie bestechen oder mit wem Sie in die Kiste springen müssen, um anerkannt und beliebt zu sein. Klatschen Sie einfach!

Klatsch macht kontaktstark

Klatsch macht interessant. Diese Wirkung von Klatsch und Tratsch bringt in vielen Bereichen des Lebens große Vorteile.

Im beruflichen Bereich können Sie mit gut ausgewähltem Klatsch Aufmerksamkeit erregen und Akzeptanz gewinnen, wo Sie früher übersehen, für nicht ganz voll genommen wurden. Sie können damit vor allem bei jenen Menschen Aufmerksamkeit erregen, von denen Sie normalerweise überhaupt nicht oder zu selten wahrgenommen werden; Vorgesetzte oder Topmanager zum Beispiel. Sie trauen sich nicht, solche großen Tiere anzusprechen? Sehen Sie, genau dieses Problem löst guter Klatsch. Denn jeder Mensch hört automatisch und gerne zu, wenn er etwas Interessantes erfahren kann. So kann zum Beispiel jeder kleine Buchhalter den großen Vorsitzenden mit dem Klatsch ansprechen: »Haben Sie schon gehört? Abteilung X ist heute mit Projekt Y fertig geworden.«

Auf diesen Klatsch gibt es nur zwei mögliche Reaktionen. Entweder der Angesprochene weiß es schon, dann sagt der kleine Angestellte, warum das Sujet ihn interessiert: »Ich war schon immer gespannt, ob das Projektteam die neue ATX-Technik zum Laufen bringt.« Das große Tier nimmt zur

Kenntnis, dass auch ein kleiner Angestellter sich für die Belange des Unternehmens interessiert; wie schön. Oder der Big Player weiß es noch nicht, dann wird er etwa sagen: »Ach ja? Wusste ich noch gar nicht. Na ja, ich werde es bestimmt im Projektbericht nachlesen.« Das war's schon? Ja. Keine große Sache. Doch der hohe Hierarch ist auf den kleinen Angestellten aufmerksam geworden. Das wiederum lässt sich wunderbar zu weiterem Klatsch verwerten: »Das ATX-Team ist ja jetzt fertig geworden, und als ich das vorhin Dr. Müller sagte …« »Wie? Was? Du hast mit dem Vorstandsvorsitzenden geredet?« »Ja, klar, wir sind uns vorhin übern Weg gelaufen. Stell dir vor, der wusste noch gar nicht, dass das Team abgeliefert hat.«

Haben Sie's bemerkt? Schon beim Lesen spürt man, wie der kleine Angestellte in der Achtung seiner Kollegen steigt. Denn immerhin hat er mit dem großen Vorsitzenden höchstpersönlich geredet. Ganz nebenbei hat er dabei seine Karriere gefördert und seinen Arbeitsplatz gesichert. Denn einen Angestellten, der mit dem Big Boss kann, den feuert man nicht so schnell.

Besser anbaggern

Da Klatsch schnell und zuverlässig Aufmerksamkeit erregt, ist er die ideale Anbaggertechnik, wie mir vor allem jüngere Seminarteilnehmer oft begeistert rückmelden. »Kennen wir uns nicht?« ist ja nun wirklich die müdeste Anmache, aber immer noch eine der häufigsten. Warum funktioniert sie nicht? Weil sie uncool, durchschaubar und uninteressant ist. »Hast du schon gehört? Sting soll heute Abend ein Geheimkonzert unplugged im P3 geben.« Unabhängig von der musikalischen Neigung des Ansprechpartners ist damit dessen Aufmerksamkeit erst einmal geweckt. Denn die Nachricht enthält alles, was interessant ist: Promi, Geheimnis und lokale Nähe. Und schon ist man im Gespräch – der Zweck der Übung ist erreicht.

So einfach ist das? Aber ja. Warum machen es dann nicht alle so? Weil die meisten eben nicht klatschen, sondern intentional kommunizieren, zum Beispiel: »Hey, ich habe noch zwei Karten für das Geheimkonzert von Sting ergattert. Kommst du mit?« Das geht in den meisten Fällen trotz attraktivem Angebot schief, eben weil nicht geklatscht, sondern mit einer ganz bestimmten Absicht (Abschleppen!) kommuniziert wird. Guter Klatsch dagegen ist zwar nicht völlig absichtsfrei, bringt seine Absichten jedoch nicht so aufdringlich rüber wie die herkömmliche Anmache.

Klatsch funktioniert hier eben besser. Man fängt einfach ein Gespräch mit einem interessanten Klatschthema an und schaut dann, wohin sich das Gespräch entwickelt. Nach zwei, drei Versuchen werden Sie diesen Klatscheinstieg in Gespräche wunderbar beherrschen. Oder wie Pepe, ein besonders aufgeweckter Seminarteilnehmer, einmal sagte: »Wenn ich auf die Piste gehe, dann nehme ich immer zwei, drei Klatschpralinen mit. Die Bräute fahren darauf ab!« Das gilt nicht nur für Bräute, sondern auch für Macker. Wobei Männer für eine andere Art von Klatsch empfänglich sind als Frauen. Was uns zu den Voraussetzungen von gutem Klatsch bringt.

Die Voraussetzung für Klatsch

Es wird Ihnen beim Lesen der letzten Zeilen aufgefallen sein, dass man Vorgesetzte, Märchenprinzen und Traumfrauen klatschmäßig nur dann »anbaggern« kann, dass man sich mit Klatsch nur dann Aufmerksamkeit verschaffen und sich interessant machen kann, wenn man auch welchen kennt! Aus diesem Grund ist selbst Klatsch, obwohl er doch so kinderleicht ist, kein Erfolgsrezept, das voraussetzungslos funktioniert. Sie brauchen für dieses Rezept auch die nötigen Zutaten. Gut, wenn Sie wissen, woher Sie diese bekommen können:

- Je stärker Sie die Ohren aufsperren,
- je regelmäßiger (nicht unbedingt oft!) Sie mit notorischen Klatschbasen, Meinungsführern, Pionieren, Gurus und Experten reden,
- je besser Sie sich aus Medien (Print, Radio, TV) und Internet informieren,
- je größer und ergiebiger Ihr Klatschnetzwerk ist (s.a. Kapitel 7, Seite 212 ff.),
- je öfter Sie mit Menschen reden, die immer wieder gut für nützliche Informationen sind,
- je einfallsreicher Sie beim Entwickeln eigener guter Ideen sind,

desto eher und reichlicher schaffen Sie die nötigen Voraussetzungen für Klatsch. Klatsch kommt nicht von alleine. Irgendwoher müssen Sie Ihre Informationen schließlich bekommen. Also gehen Sie nicht weg, wenn irgendwo geklatscht wird, schalten Sie nicht aus, wenn Nina Ruge im TV den neuesten Promi-Klatsch verbreitet, lesen Sie auch mal den Focus (das Klatschblatt für Studierte). Sie müssen nicht bis zum Ende, bis zur letzten Sendeminute, der letzten Seite dabeibleiben. Bleiben Sie einfach nur so lange, bis Sie wieder ein, zwei neue Stückchen Klatsch mitbekommen haben. Wenn Sie sich diese bis zur nächsten Gelegenheit nicht merken können, dann schreiben Sie sie ruhig auf. Sie sind nicht mehr auf der Schule. Spickzettel sind beim Klatsch erlaubt.

Klatsch als Führungsinstrument

Da Klatsch und Tratsch von Mitarbeitern höher bewertet werden als die offizielle Firmenkommunikation (»Denen da oben kann man doch sowieso nichts glauben!«), ist es für jede Führungskraft gefährlich, diese informelle Informationsschiene außer Acht zu lassen. Daher gilt: Gute Chefs klatschen selbst!

Sie ignorieren den Flurfunk nicht oder regen sich über die Gruselgeschichten auf, die er verbreitet und die ihre Arbeit behindern. Sie steuern dagegen, indem sie selbst Geschichten in die Pipeline geben, die der Flurfunk dann quasi in ihrem Auftrag und in ihrem Interesse verbreitet. Ein Kommentar hinter vorgehaltener Hand, ein vertrauliches Gespräch mit einer firmenweit bekannten Klatschbase, ein Wort zur Sekretärin, eine Andeutung hier und ein Wink da – und schon brodelt die Gerüchteküche ganz im Sinne des Vorgesetzten.

Verena, Personalchefin in einem Textilbetrieb, schmunzelt: »Wenn ich heute möchte, dass morgen der ganze Betrieb etwas weiß, dann schreibe ich keine Hausmitteilung, die sowieso nur die wenigsten lesen, sondern rede einfach mit der Sekretärin unseres Innendienstleiters. Dann ist das morgen im ganzen Betrieb rum.« Ist die Sekretärin eine alte Klatschbase? »Aber nein, die ist ein Kommunikationsgenie. Also, ich könnte das nicht.«

Der Spaßfaktor

Macht Ihnen die Arbeit Spaß? Wie oft im Monat? Die meisten Beschäftigten in der Global Economy haben derzeit wenig Spaß an und mit der Arbeit. Viele erinnern sich: »Ja, früher, da konnte man auch noch ein wenig nebenher mit den Kollegen plaudern. Heute zählt ja jeder die Sekunden, die man nicht mit dem Hintern auf der Arbeit klebt!«

Entschuldigung, aber der Zusammenhang ist genau umgekehrt: Eben weil wir uns den Spaß bei der Arbeit von fadenscheinigen Argumenten wie Zeit- und Erfolgsdruck haben austreiben lassen, haben wir keinen Spaß mehr bei der Arbeit. Haben wir wirklich? Nicht alle. Es gibt in jedem Betrieb erfahrene Kollegen, die den Bogen raushaben. Franz-Xaver Mayr, Projektleiter in einem IT-Unternehmen, sagt: »Selbst im mörderischsten Termindruck gönnen wir uns unsere kleinen Auszeiten, in denen wir einfach die Füße hochlegen und über die verdammten Kunden, Betonköpfe und schlampigen Lieferanten lästern. So viel Zeit muss sein. Danach geht's in alter Frische weiter.« Ein weises Wort.

In den 1970er- und 1980er-Jahren war es einfach, Spaß bei der Arbeit zu haben. Da machten noch fünf Kollegen die Arbeit, die heute zwei machen. Da hatte man noch Zeit, hin und wieder etwas langsamer zu treten. Da war es keine Kunst, Spaß bei der Arbeit zu haben! Jeder Anfänger konnte das damals! Heute haben nur noch jene Spaß, die wissen, wie's geht. Spaß ist nicht wie Wetter. Gegen das Wetter kann niemand etwas machen, doch für den Spaß kann jeder selbst etwas unternehmen. Natürlich setzt man Sie von allen Seiten unter Druck. Wehren Sie sich! Lassen Sie sich den Spaß bei der Arbeit nicht vollends nehmen. Bewahren und pflegen Sie Ihre Spaß-Oasen. Ich weiß ja nicht, was Sie unter Spaß bei der Arbeit verstehen. Doch wenn dazu zählt, sich ab und an mit netten Kollegen zu unterhalten, dann lassen Sie sich das nicht nehmen! Gönnen Sie sich Ihre fünf Minuten Plausch pro Arbeitsstunde. Sie stehen Ihnen zu! Sie können sich dabei ruhig auf mich berufen. Man gönnt sich ja sonst nichts!

Klatsch & Tratsch

Regt Sie Fachchinesisch auch auf? Kürzlich meinte ein Personalleiter, dass er sich jetzt gleich ums Onboarding kümmern müsse. Ich fragte mich irritiert, seit wann das Betreten eines Flugzeugs »Onboarding« genannt werde. Die Sekretärin des Personalleiters klärte mich später auf: »So nennen wir hier das Einarbeiten neuer Mitarbeiter.« Hätte der Gute das nicht gleich sagen können?

Wer klatscht mit wem?

In der modernen Wirtschaftswelt ist nicht so sehr die Frage interessant: Wer ist wem vorgesetzt? Viel interessanter ist die Frage: Wer klatscht mit wem? Wenn Sie mal die Augen aufmachen, werden Sie oft erstaunliche hierarchie- und abteilungsübergreifende Klatsch-Allianzen entdecken. Der Entwicklungschef isst öfter mit dem Lagerleiter zu Mittag, die Buchhaltungssekretärin fährt mit einer Produktmanagerin zur Arbeit und ein Verkäufer hat einen direkten Draht zum Verkaufsvorstand.

Interessant? Auch. Aber noch viel nützlicher. Denn wenn

Sie wissen, wer mit wem klatscht, kriegen Sie vieles mit, was Sie normalerweise nicht erfahren würden.

Claudia, Marketing-Designerin bei einem Konsumgüter-Hersteller, weiß: »Ich komme einfach nicht an den Vertriebsvorstand ran. Aber das muss ich auch nicht. Wenn ich wissen will, was die Vertriebsleitung ausbrütet, muss ich einfach nur mit dem Entwicklungschef reden. Der ist nämlich der Spezl vom Vertriebschef.«

Umgekehrt gilt natürlich: »Wenn ich eine Idee lancieren will, zeigt man mir schon im Sekretariat vom Vertrieb meist die kalte Schulter. Also erzähle ich meine Idee einfach brühwarm dem Entwicklungsleiter. Der rennt doch sowieso gleich damit zu seinem Spezl!«

Wovon reden wir hier? Von der sogenannten informellen Organisationsstruktur. Das offizielle Organigramm eines Unternehmens ist das Papier nicht wert, auf dem es steht. Wie die Fäden wirklich laufen, wer wem was zu sagen hat, wer mit wem kann und wer nicht, bestimmt in einem Unternehmen zu 60 bis 80 Prozent, wo der Hase langläuft. Es ist schwer, diese inoffizielle und normalerweise gut getarnte Substruktur zu erkennen? Eben nicht, wenn Sie den besten Indikator dafür kennen, quasi Ihr Röntgengerät für verdeckte Organisationsstrukturen: Klatsch und Tratsch. Wer mit wem klatscht, zeigt überdeutlich, entlang welcher Hierarchieverwerfungen die inoffizielle Machtstruktur im Unternehmen verläuft.

Das Vakuum-Prinzip

»Die Natur duldet kein Vakuum«; vielleicht kennen Sie das Sprichwort. Die meisten Manager kennen es nicht. Nicht anders lässt sich erklären, dass sie Klatsch, der ihnen selbst schadet, tatsächlich auch noch ungewollt fördern. Egal, ob Änderungen in der Geschäftspolitik, Beteiligungen, Übernahmen, Reorganisationen oder Entlassungen – der einfache Mitarbeiter kriegt das alles ganz zuletzt mit. Die Informationspolitik mancher Manager ist nur noch als selbstmörderisch zu bezeichnen: zu wenig, zu spät, zu unspezifisch, zu unpersönlich, zu unverständlich.

Aus Sicht der Belegschaft besteht in den meisten Firmen ein Informationsvakuum: Nichts Genaues weiß man nicht. Das finden viele Vorgesetzte gut: Das Volk da unten muss ja schließlich nicht alles wissen; die sollen ihren Job machen und das Denken den Managern überlassen. Ein frommer Wunsch, der leider nicht erfüllt wird, ganz im Gegenteil. Denn je weniger informiert wird, desto mehr wird geklatscht. Die menschliche Gesellschaft duldet kein Informationsvakuum. Zwischen Informationsmangel und brodelnder Gerüchteküche besteht ein direkter statistischer Zusammenhang.

Das Gefährliche daran: Informationen kann man gut steuern – Klatsch dagegen viel weniger. Wenn Mitarbeiter über die Geschäftspolitik klatschen, dann meist nichts Gutes. Vielmehr erscheint es angebracht, lieber gleich vom Worst Case auszugehen. Wenn Manager schlecht informieren, dann kursieren gleich die schlimmsten Gerüchte. Gerüchte, die die Moral, Leistungsbereitschaft und Produktivität untergraben. Im letzten Konjunkturabschwung beispielsweise musste man als Kunde bei vielen Firmen auf den gewohnten Service verzichten, musste froh sein, wenn man überhaupt noch bedient wurde. Viele Mitarbeiter kümmerten sich nämlich nicht mehr um Kunden, Aufträge oder Arbeit, sondern saßen den lieben langen Tag nur noch wie gelähmt von den kursierenden Gerüchten da, den Anruf des Chefs erwartend, dass sie rausgeworfen seien – auch wenn sie gar nicht auf der roten Liste standen! Schlechte Informationspolitik lähmt.

Klatsch ist wie Luft

Lassen Sie uns am Ende des Kapitels zusammenfassen: Klatschen ist nützlich. Klatsch und Tratsch steigern Produktivität, Motivation, Effizienz und Leistungsbereitschaft in Beruf und Privatleben. Klatsch ersetzt teilweise den Vorgesetzten und den Therapeuten. Klatschen ist informelle Information, ohne die ein modernes Unternehmen nicht mehr funktionieren könnte.

Klatschen ist nicht nur nützlich für Sie und Ihr Unternehmen, Klatsch ist auch gesund. Er ist ein Überdruckventil und ein Stresskiller. Er entstresst und befreit von emotionalem Druck und hält tatsächlich auch körperlich gesund, indem er Krankheiten abhält (E-Mail-Studie!). Klatschen ist ein menschliches Grundbedürfnis, ein Hygienefaktor wie Händewaschen, ist wie Luft: nicht unbedingt spektakulär, aber ziemlich nötig zum Leben. Sie können gut und gerne mal die Luft anhalten, aber es wird Ihnen nicht besonders gut tun.

Die meisten Menschen reagieren auf die geballten Vorteile der informellen Kommunikation überrascht: »Das hätte ich jetzt nicht gedacht, dass Klatschen so gut ist!« Logisch, denn Klatschen wird selbst in unserer angeblich so aufgeklärten Gesellschaft immer noch schlecht geredet. Genau das ist auch der Grund, weshalb viele Menschen, obwohl sie sehr angetan sind von den vielen Vorteilen von Klatsch und Tratsch, dann doch lieber den Mund halten und die Ohren verschließen. Sie merken, dass sie liebend gerne öfter mal ein kleines Schwätzchen zur Auflockerung und Regeneration einstreuen würden, trauen sich dann aber doch nicht. Sie schaffen es nicht, die vielen Vorbehalte gegen Klatsch und Tratsch zu überwinden, über den eigenen Schatten zu springen. So geht es Ihnen auch manchmal? Dann brauchen Sie eine Sprunghilfe. Auf zum nächsten Kapitel!

Was dem Herzen widerstrebt,
lässt der Kopf nicht ein.
Arthur Schopenhauer

2 Nur die Klugen klatschen

Das Eunuchen-Problem

Wenn Menschen von den vielen schönen Vorteilen von Klatsch und Tratsch (siehe Kapitel 1) hören, reagieren sie meist erstaunt: »Dass Klatsch so nützlich ist, hätte ich nicht gedacht!« Nach einigen Sekunden Nachdenkens fügen die meisten an: »Aber eigentlich habe ich das geahnt. Ist ja auch irgendwie logisch, nicht?«

Und obwohl sie das schon lange ahnen, obwohl die meisten Menschen gerne und häufig klatschen, kommen sie oft nicht in den Genuss des überragenden Nutzens von Klatsch und Tratsch, weil sie ein Problem haben: Genau dann, wenn es darauf ankommt, wenn sie den größten Nutzen vom Klatsch hätten, wenn sie ihn am nötigsten hätten, wenn sie am meisten davon profitieren würden – genau dann verzichten sie darauf.

Oder wie ein Prokurist und Trainingsteilnehmer einmal launig formulierte: »Das ist wie mit den Eunuchen: Sie wissen schon, wie's geht, aber wenn's drauf ankommt, geht's halt nicht.« Betrachten wir ein Beispiel aus der Praxis, wie es täglich tausende Male vorkommt.

Karins Klatschblockade

Karin ist Sozialarbeiterin in einem kommunalen Jugendhaus. Seit sechs Monaten hat sie einen neuen Vorgesetzten. Seit sechs Monaten versucht dieser, sie zu mobben. Glücklicherweise hat die Kommune eine Frauenbeauftragte, die auch Mobbing-Beratung macht. Ihr lakonischer Kommentar: »Frauen- oder Mobbing-Beauftragte – ist an vielen Tagen ein und dasselbe.« Die resolute Dame hat eine solide Coaching-Ausbildung, weshalb sie Karin behutsam zu einer Problemlösung führt: »Sie sagen, dass Sie so eine Mobbing-Attacke Ihres Vorgesetzten oft für Tage aus dem emotionalen Gleichgewicht wirft. Immer? Oder gab es schon mal Ausnahmen? Wann haben Sie so eine Attacke locker weggesteckt?«

Diese simple Frage hat in frühen Phasen von Mobbing-Krisen eine erstaunliche Wirkung: Sie führt zu lösungsrelevanten Ausnahmen. Karins Ausnahme: »Immer dann, wenn ich nach einer Attacke zur Kollegin laufe und mit ihr über den doofen Kerl ablästere, dann geht's mir danach gut und ich kann den unfairen Übergriff vergessen.« Das ist doch was! Das ist ein echtes Lösungspotenzial. Das ist eine im Übrigen nicht untypische Lösung des Problems: Klatsch als Mobbing-Rettung. Die Sache hat nur einen Haken, Karins Haken: »Aber das habe ich mich bisher nur zwei- oder dreimal getraut. Das macht man doch nicht! Wenn ich hinter seinem Rücken über ihn klatsche, dann bin ich doch nicht besser als er!«

Das muss man sich mal vorstellen! Da versucht dieser Kerl, sie in diesen harten Zeiten um den Arbeitsplatz zu bringen, praktisch ihrer Existenz zu berauben, und sie traut sich im wahrsten Sinne des Wortes nicht, den Mund aufzumachen! Karin ist seit drei Monaten wegen psychosomatischer Beschwerden in Behandlung. Selbst ihr Hausarzt hat schon geschnallt: »Das liegt ganz allein an Ihrem Berufsstress!« Karin könnte sich von den körperlichen Schmerzen, der gesundheitlichen Beeinträchtigung und dem ganzen Ärger selbst erlösen, indem sie einfach das tut, was ihr nachweislich schon dreimal geholfen hat: Klatschen. Doch sie tut es nicht, »weil man das nicht tut!« Oder eher: weil frau das nicht tut. Die Frauenbeauftragte kennt das: »Typisch Frau. Viele Frauen trauen sich einfach nicht, das zu tun, was ihnen gut tut.« Sie braucht 20 Minuten Coaching-Gespräch, bis Karin von selbst dahinterkommt, dass Klatsch in diesem besonderen Fall keine Sünde ist und im Übrigen keinem schadet (am allerwenigsten dem mobbenden Chef).

Wie Karin geht es den meisten Menschen. Klatsch würde ihnen in ganz bestimmten Situationen guttun, oft genug die geistige und körperliche Gesundheit retten, den Stress eliminieren und die Stimmung heben. Das wissen die meisten auch. Aber sie können nicht, weil ihnen etwas im Wege steht: Vorurteile. Räumen wir die beliebtesten Vorurteile gegen Klatsch der Reihe nach aus.

Auch Kant kannte Klatsch

Viele Menschen klatschen wie Karin selbst dann nicht, wenn sie Klatsch so nötig wie Aspirin hätten, weil Klatsch in vielen Kreisen einen schlechten Ruf hat.

Geht es um Klatsch und Tratsch, haben viele eben immer noch das Bild der putzeimerschiebenden, bekopftuchten Treppenhaus-Megäre im Hinterkopf, die sich in endlosen Hinterhoftiraden gehässig den Mund über andere zerreißt. Das Bild hat zwar etwas Pittoreskes an sich. Doch es ist weit von der Wahrheit entfernt. Die Wahrheit nämlich ist: Klatsch ist keine Domäne von Putzfrauen, auch wenn sozialromantische TV-Serien wie die Lindenstraße das gerne kolportieren. Die klatschende Putzfrau ist ja auch ein so schönes Klischee – also perfekt geeignet für intellektuelle Notstandsgebiete wie das Fernsehen. (Es macht ja so viel Spaß, abzulästern – hatten Sie schon Ihre tägliche Dosis?)

Mit der Wahrheit hat das Klischee von der klatschenden Putzfrau also nichts zu tun. Ganz im Gegenteil: Gerade die hellsten und größten Geister der Geschichte, die ausgewiesenen Dichter, Denker und Intellektuellen liebten den Klatsch und pflegten ihn auch geradezu begeistert. Zum Beispiel Immanuel Kant, einer der bekanntesten Philosophen der Geschichte. Obwohl er schon zu Lebzeiten als überragender Philosoph in Rang und Achtung stand, verbot er bezeichnenderweise an seiner eigenen bekannten und beliebten Tafelrunde das Philosophieren. (Weil man bei Tisch nicht über die Arbeit redet; lustig, nicht?)

Bei Kants zu Tisch wurde räsoniert, diskutiert, gescherzt und geklatscht. Aber nicht philosophiert. Kants Zeitgenosse Johann Gottfried Hasse outet Kant als eingefleischten Klatschfan, wenn er über die Kant'sche Tafelrunde schreibt: »Saß er nun einmal an der Suppe, und fand er das Suppenfleisch recht mürbe, so war ihm ungemein wohl und dann sagte er: ›Nun, meine Herren und Freunde! Lassen Sie uns auch etwas sprechen! Was gibt's gutes Neues?‹« Mit dieser Frage wurde und wird seit Jahrhunderten vor und nach Kant das obligate Klatschgespräch eingeläutet. Nach dieser Frage zerriss man sich im Hause Kant dann nicht in lästerlicher Putzfrauenmanier das Maul über bekannte und weniger bekannte Zeitgenossen. Nein, ein zivilisierter Mensch klatscht auch zivilisiert. Leuchtet unmittelbar ein, nicht? Wer gut erzogen ist, klatscht auch gut erzogen.

Klatsch & Tratsch

Wussten Sie übrigens, dass fast jede Berufsgruppe eine spezielle, zugespitzte Form von Klatsch und Tratsch pflegt, nämlich den Berufswitz (nein, Blondinenwitze gehören nicht dazu)? Es gibt Ärzte-, Politiker-, Pfarrer-, Therapeuten-, Manager- und jede Menge anderer Berufsgruppenwitze. Besonders tratschgeeignet sind Ingenieurswitze, weil Ingenieure sich, entgegengesetzten Gerüchten zum Trotz, sehr wohl sehr gern auf intelligente Weise auf den Arm nehmen (lassen). Zum Beispiel: Ein Architekt, ein Künstler und ein Ingenieur unterhalten sich, ob eine Geliebte besser ist als eine Ehefrau. Der Architekt sagt: »Ich brauche die geregelten Verhältnisse einer Ehe.« Der Künstler meint: »Ich brauche eine Geliebte als Muse!« Nur der Ingenieur will beide haben, Ehefrau und Geliebte. Denn: »Wenn man eine Frau *und* eine Geliebte hat, meinen abends beide, man ist bei der anderen. So hat man Zeit, ins Labor zu gehen und die Messreihen in Ruhe fertigzurechnen!«

Tatsächlich scheint echter Klatsch (im Gegensatz zum TV-Klatsch) weniger eine Affinität zu den »niederen Schichten« zu haben denn zu den Reichen, Klugen und Schönen. Eine

Kollegin, die von einer USA-Reise zurückkam, erzählte amüsiert: »Vernissage in einer der besseren Galerien in New York. Alles, was Geld, Rang und Namen hat, war da. Millionäre, Dichter, Autoren, Künstler, Rezensenten, Theaterleute – und worüber wurde geredet? Etwa über die schönen Künste, die politische Lage oder über hochgeistige Themen? Nein, es wurde geklatscht, dass es eine Freude war. Wer neuerdings mit wem, wer sich von wem getrennt hat, wer wo welchen Coup gelandet hat. Es war herzerfrischend!«

Warum es beim Klatschen klatscht

Wenn selbst Kant klatschte, ist Klatsch nichts, wofür man sich schämen oder worauf man gar verzichten müsste. Im Gegenteil. Wenn selbst Kant klatschte, dann möchte man doch zu diesem erlesenen Kreis erlauchter Dichter und Denker gehören. Klatsch ist ein nicht nur gesellschaftsfähiges, sondern geradezu gesellschaftskonstituierendes Phänomen. Finden Sie (inzwischen) auch? Dann brennt Ihnen sicher schon seit einigen Seiten die Frage unter den Nägeln: Wieso heißt das eigentlich Klatschen?

Klatscht es etwa, wenn wir klatschen? Nein, heute nicht mehr. Aber früher. Etymologisch, also von der historischen Wortentstehung her betrachtet, stammt der Ausdruck von den Waschtagen früherer Jahrhunderte. Damals gab es noch keine Bauknecht, Miele oder Siemens, die munter vor sich hin rotierend schmutzige Wäsche wusch, während die emsige Hausfrau genüsslich der Cosmopolitan- oder Allegra-Lektüre frönte, in der Hand das Prosecco-Glas (oder was trinken Sie denn so am Waschtag?). Nein, damals mussten die Frauen noch selbst Hand anlegen und mit klatschenden

Schlägen die Wäschestücke so lange über ein grobes Waschbrett schlagen, bis die Wäsche nicht nur sauber, sondern porentief rein war. Dieser Vorgang klatschte laut vernehmlich. Bei einem Dutzend Waschbretter auf dem öffentlichen Waschplatz muss damals ein geradezu infernalischer Lärm geherrscht haben.

Neben der heftigen Lärmentwicklung durch das laute Klatschen war die Arbeit auch durch eine entsetzliche Eintönigkeit gekennzeichnet. Den lieben langen Tag nichts anderes zu tun als tropfnasse Wäschestücke wieder und immer wieder über ein Brett zu kloppen, bis einem fast der Arm abfällt – das ist selbst für geistig anspruchslose Menschen geradezu hirnerweichend dröge, öde und langweilig. Eine geistige Ablenkung war dringend erwünscht. Und was bot sich da besser an, als über die amourösen Ursprünge gewisser verräterischer Flecken auf Laken und Unterwäsche einen spekulativen Diskurs zu unterhalten? Da man auch früher, wenn es zu verhindern war, nicht selbst die eigene Wäsche wusch, sondern von sogenannten Waschfrauen waschen ließ, konnten sich diese sexuellen Spekulationen auch ohne hinderliche Scham entfalten: Die Trägerinnen und Träger der Wäsche waren ja nicht anwesend!

Wir erkennen bereits an dieser historischen Urversion des Klatschens drei konsitutierende Merkmale von gutem Klatsch:

- Klatsch behandelt pikante, zumindest jedoch interessante Themen.
- Geklatscht wird über Leute, die nicht anwesend sind.
- Guter Klatsch tut keinem weh – gemessen am Vergnügen, das bei der Entstehung der verräterischen Wäscheflecken im Spiel gewesen ist.

Wie das Klatschen zu seinem Namen kam

Vom anzüglichen Gerede beim wöchentlichen Waschtag zum Klatsch war es sprachlich nur ein kleiner Schritt. Als die Männer gelegentlich wissen wollten, was die Frauen denn auf dem Waschplatz stundenlang taten (außer Waschen), gab es dafür keinen passenden Begriff – ein sprachliches Vakuum, das die Umgangssprache normalerweise nicht toleriert, sondern sehr schnell und einfallsreich repariert. Beispiel Nutella: Weil die offizielle Bezeichnung »Nuss-Nougat-Brotaufstrich« so klobig und unappetitlich ist, taufte die Umgangssprache generell alle nussigen Brotaufstriche »Nutella« – ob sie nun von Ferrero sind oder nicht.

Genauso machte es die Umgangssprache mit der Kommunikation, die die Frauen waschtags unterhielten. Sie verschmolz einfach einen bereits vorhandenen Begriff mit der neuen Tätigkeit, für die es noch keinen Namen gab. Da das akustisch Herausragende am Waschen das laute Klatschen der Wäschestücke war, verwendete man fortan dieses Klatschen auch für die Bezeichnung der Gespräche, die während des Klatschens geführt wurden.

Zumindest erklären es so die Etymologen. Ob das eine wissenschaftliche Erklärung ist oder nur der übliche Klatsch und Tratsch, den sich Etymologen bei der feuchtfröhlichen Einkehr nach Dienstschluss erzählen, kann man nicht mit absoluter Sicherheit sagen. Für die Ernsthaftigkeit der Erklärung sprechen jedoch etliche Sprichwörter und Sprachfiguren, die sich in vielen Gegenden bis heute erhalten haben. Denken Sie zum Beispiel an:

- »Klatschen wie die Waschweiber«
- »Gewäsch« für dummes oder unnützes Gerede

- »Schmutzige Wäsche waschen« für das Ausplaudern negativer Interna in der Öffentlichkeit

Hätten Sie das gedacht? Klatschen ist Kultur!

Wer sich wirklich noch Sorgen über die Standesgemäßheit von Klatsch und Tratsch macht, dem sei eine wissenschaftliche Aussage zum gefälligen Genuss empfohlen, die ich in einer akademischen Abhandlung über Kommunikationsgeschichte fand: »Der Klatschgenuss (!) kompensierte die langwierige und monotone Arbeit der Waschfrauen und brachte so eine orale Kultur von Frauen hervor.«

Wenn man einmal die spontane Assoziation von »oraler Kultur« und Monica Lewinsky schmunzelnd hinter sich gebracht hat, dann kann man als Amateurklatscher einen Anflug von Ehrfurcht nicht vermeiden: Der Klatsch ist doch tatsächlich aus Sicht der Wissenschaft echte Kultur. Goethe, Schiller und Brecht sind Kultur – und Klatsch gehört dazu! Was Kultur ist, kann nicht wirklich schlecht sein. Also klatschen Sie ruhig. Sie haben dafür die kulturelle und wissenschaftliche Legitimation!

Klatschen – typisch weiblich?

Na, wer sagt's denn! Das haben wir doch immer schon geahnt: Der Klatsch wurde von Frauen erfunden, noch dazu von Waschweibern! Klatschen ist typisch weiblich! Nur Frauen klatschen!

Weit gefehlt. Männer waren kulturgeschichtlich die schlimmeren Klatschbasen. Während die Waschweiber ihren Klatsch wenigstens noch auf dem immerhin öffentlichen Waschplatz und unter kaum vorstellbarer Lärmentwicklung betrieben (das Klatschen der Wäschestücke musste frau ja erst mal übertönen, um gehört zu werden), verfolgten die Mannsbilder ihre unterhaltsamen Klatschgelüste unter weitgehendem Ausschluss der Öffentlichkeit geradezu sektiererisch hinter den Mauern englischer Kaffeehäuser oder vornehmer Clubs, in französischen Salons oder den deutschen Erziehungsanstalten des 18. Jahrhunderts. Wenn Männer klatschten, ging es also superfein, adelig und sehr exklusiv zu.

Damit ist der Spruch »Nur Frauen klatschen!« klar als Chauvi-Meinung entlarvt, was auch sonst? Die informelle Kommunikation ist ein menschliches Grundbedürfnis und auch Männer verspüren dieses Bedürfnis. Für Kommunikationsforscher ist das ohnehin längst klar, wie mir einer verriet: »Frauen machen ihren Kaffeeklatsch, bei Männern heißt das Arbeitsessen.«

Der Di-Effekt

Viele Menschen haben beim Thema Klatsch auch deshalb ein schlechtes Gefühl, weil sie mit dem Begriff automatisch so unappetitliche Dinge verbinden wie böswilliges Gerüchtestreuen, Mobbing, Zwietracht und Zwist.

In dieser unbewussten Konnotation (Begriffsbelegung) werden sie von einer milliardenschweren Industrie bestärkt: der Industrie der Klatsch-Zeitschriften und TV-Magazine. Dabei ist schon allein der Begriff ein übler Etikettenschwindel: Was die sogenannte Yellow Press (yellow, US-Slang: feige) verbreitet, ist eben kein harmloser Klatsch, sondern knallharter

Rufmord, auflagenträchtige Sensationsgeilheit und Verleumdung im Verlagsauftrag. Wie böse das endet, hat das traurige Schicksal von Prinzessin Di gezeigt: Di und Dodi wurden buchstäblich bis zur Minute ihres Todes von einer sensationslüsternen Pressemeute gehetzt. Mit Klatsch und Tratsch hat das nichts mehr zu tun.

So etwas würde auch keiner von uns tun, oder? Wenn wir normalen Menschen klatschen, dann kommen keine Prinzessinnen, nicht mal Normalsterbliche zu Tode. Unser Alltagsklatsch tut keiner Fliege was zu Leide. Wer im Normalleben derart despektierlich über andere reden würde, wäre schnell zwangsisoliert, unter Klatschquarantäne gestellt. Also klatschen Sie ruhig. Der normale Alltagsklatsch ist harmlos bis nützlich. Was einige Teile der Presse machen, verdient den Namen Klatsch nicht. Es ist unmoralisch – Business eben, nicht Klatsch.

Klatsch kommt aus dem Bauch

Eine recht zahlenstarke Volksgruppe hat besonders heftige Probleme, sich die Vorteile von nützlichem Klatsch zu erschließen, das sind die sogenannten Kopfmenschen. Seit C. G. Jung unterscheidet man die menschlichen Charaktere unter anderem nach Kopf- und Bauchmenschen. Kopfmenschen denken oft und gerne sachlich, distanziert und selbst unter Stress recht kühl. Bauchmenschen denken, reden und entscheiden gerne emotional, persönlich und intuitiv.

Wie ordnen Sie sich tendenziell ein? Nein, ich frage nicht danach, wie Sie sich am liebsten sehen oder wie andere Sie am liebsten haben würden. Mich interessiert eher, wie Sie tatsächlich sind. Nosce te ipsum, stand schon über dem Tempel des Apoll zu Delphi: Erkenne dich selbst. Warum? Weil Selbsterkenntnis hilfreich ist, nicht nur beim Klatschen. Sie können die Charakterforschung in eigener Sache verkürzen, wenn Sie darüber nachdenken, dass Kopfmenschen ein eher kritisches Verhältnis zu Klatsch und Tratsch haben. Sie sagen:

- »Was soll denn das unsachliche Gerede? Das bringt doch nichts.«
- »Ich halte mich aus Klatsch und Tratsch lieber raus.«
- »Solches Gerede ist doch nicht effizient!«
- »Was bringt mir das denn?«

Denken Sie das auch manchmal? Dann sind Sie, zumindest was Klatsch und Tratsch anlangt, eher ein Kopfmensch.

Da immerhin grob die Hälfte der Menschen in der westlichen Welt Kopfmenschen sind, kann man sagen, dass knapp die Hälfte der westlichen Zivilisation ihre Probleme mit dem Klatschen hat.

Wie Kopfmenschen klatschen

Wenn ein Kopfmensch einwendet, dass »Klatsch doch total unsachlich« ist, frage ich ihn oder sie gerne, ob er schon mal eine Frau oder sie schon mal einen Mann geküsst hat. So ein Kuss ist eine total unsachliche Art der Kommunikation, nicht wahr? Aber macht heftig Spaß, gell? So kalauerhaft das Argument anmutet, bei Kopfmenschen löst es meist die befreiende Erkenntnis aus: Auch »unsachliche« Kommunikation hat ihren Nutzen und ihren Zweck! Heureka!

Außerdem: Wer sagt denn, dass Klatsch und Tratsch überhaupt unsachlich sind oder unsachlich sein müssen? Die Studie des Center for Workforce Development (siehe Seite 17) zeigt doch gerade, dass Arbeitnehmer 70 Prozent ihres Wissens in Sachen Arbeit und Arbeitsplatz über den informellen Datenaustausch beziehen! Das heißt: Gewiss ist eine Menge Alltagsklatsch unsachlich – doch ebenso viel Alltagsklatsch ist so sachlich wie die Cash-Flow-Kalkulation vom Firmencontroller!

Kopfmenschen erreichen einen raschen Zugang zum Klatsch, wenn sie der Empfehlung folgen: Klatschen Sie ganz bewusst nur Sachliches! Wenn sich Kopfmenschen an diesen Tipp halten, bricht oft genug der Damm und sie entdecken die Freuden des Klatschens für sich. Natürlich klatschen sie dabei über Themen, zu denen Bauchmenschen nun überhaupt nichts einfallen würde, zum Beispiel über den Drehzahlbegrenzer im neuen Porschemotor, zur Anzahl und Farbe der Stifte in der Brusttasche eines Kollegen oder über zehn ausgefallene Methoden, in einer Codierzeile noch weitere fünf Nanosekunden CPU-Zeit zu sparen. Wir sehen daran: Auch Kopfmenschen können klatschen, wenn sie einfach über ihre Lieblingsthemen tratschen.

Isolierfaktor Introversion

Es gibt noch eine Gruppe von Menschen, die heftige Probleme mit Klatsch und Tratsch hat, und das sind die Introvertierten. Glaubt man dem MBTI, dem Myers-Briggs-Type-Indicator (der weltweit am häufigsten benutzte Typenindikator), dann sind ein sattes Viertel der Nordamerikaner und der Westeuropäer eher introvertiert veranlagt. Das heißt: Diese Menschen mögen durchaus Klatsch und Tratsch, sind jedoch ein wenig kontaktarm.

Während Extravertierte an einem Durchschnittstag mit

bis zu 50 Menschen Kontakt haben können (eine an sich schon erstaunliche Zahl), bringen es Introvertierte im Schnitt oft noch nicht mal auf zehn. Zu welcher Gattung gehören Sie? Um das festzustellen, gibt es einen kleinen aufschlussreichen Versuch:

Sie gehen (gedanklich) auf eine Party, eine Tagung oder eine andere Versammlung mit vielen Menschen. Viele Anwesende kennen Sie, viele nicht. Was machen Sie am allerliebsten in dieser Situation? Kreuzen Sie an, wenn Sie möchten.

○ A) Ich möchte am liebsten gleich mit vielen neuen Menschen Kontakte knüpfen, danach rede ich auch mit alten Bekannten.

○ B) Ich rede erst mal mit Bekannten, neue Menschen kennenlernen kann ich auch danach noch.

So einfach diese Frage ist, jeder Mensch spürt ganz intuitiv eine Neigung in die eine oder eben in die andere Richtung. Extravertierte neigen zu A, Introvertierte zu B.

Ganz heikel: introvertierter Kopfmensch

Introvertierte erkennen oft am besten die überragenden Vorteile von Klatsch und Tratsch – aber: »Ich trau mich einfach nicht so unter die Leute!« Oder: »Ich hab halt Hemmungen, wildfremde Leute anzusprechen!« Ganz schlimm wird die Isolationstendenz, wenn der oder die Introvertierte darüber hinaus noch ein Kopfmensch ist. Dann wird's haarig – klatschmäßig. Denn dann lautet die meist unreflektierte Einstellung: »Ich treffe zu wenig Leute, um zu klatschen, und wenn ich jemanden treffe, dann klatsche ich nicht!«

Mit dieser Einstellung im Hinterkopf aber kriegt man

heutzutage keine bezahlbare Mietwohnung und man findet seltener, wenn überhaupt, gute Jobs, ganz zu schweigen von einem vorzeigbaren Beziehungspartner. Denn alle diese erstrebenswerten Dinge des Lebens erfordern ein Mindestmaß an Kontaktstärke, das Introvertierte nicht mitbringen, und ein Mindestmaß an verbreitetem Klatsch. (»He, ich such übrigens 'ne neue Wohnung – weißt du was oder kennst du einen, der was weiß?«)

Klatsch & Tratsch

Immer für einen Lacher bei Klatsch und Tratsch gut: Kinderstilblüten aus Schulaufsätzen zum Beispiel: »Wenn man kranke Kühe isst, kriegt man ISDN.« »Neben Prunksälen hatten die Ritter auch beheizte Frauenzimmer.« »Alle Welt horchte auf, als Luther 1642 seine 95 Prothesen an die Schlosskirche zu Wittenberg schlug.« »Cäsar machte das Lager voll und jeder stand stramm bei seinem Haufen.«

Einem introvertierten Kopfmenschen geht also einiges ab im Leben, unter anderem das Glück. Paradoxerweise hilft diesen armen Schluckern ausgerechnet das, was ihnen so große Probleme bereitet: Klatsch und Tratsch.

Wenn Sie ein eher introvertierter Kopfmensch sind, müssen Sie nicht rausgehen und wildfremde Leute ansprechen. Aber klatschen Sie doch wenigstens mit den wenigen Menschen, die Sie täglich treffen, ganz gezielt das durch, was Sie gerade weiterbringen könnte. Um eine neue Wohnung zu finden, muss man nicht unbedingt 50 Leute am Tag anhauen. Es reichen auch schon zehn – wenn es die richtigen sind! Aber mit denen muss man dann einfach über das klönen, was einem gerade auf der Seele brennt!

Klatsch ist Kommunikation light

Introvertierte sagen mir immer wieder: »Mit etwas Klatsch als Gesprächsstoff traue ich mich, auch Menschen anzusprechen, die ich früher nie angesprochen hätte!« Warum? Weil Klatsch unverfänglich und blamagefrei ist, also das ideale Thema, um Kontakte zu knüpfen. Klatsch ist relativ inhaltsleicht. Auf Klatsch kann der Angesprochene eigentlich nur auf zwei Arten reagieren: Entweder er klatscht gerne mit oder er zuckt die Schultern, weil ihm nichts dazu einfällt. Betrachten wir ein Beispiel.

Sarah ist 35 Jahre alt und neu in der Firma. Sie ist fachlich hoch kompetent, findet aber für ihren Geschmack etwas zu langsam Anschluss an die neuen Kolleginnen und Kollegen. Im Coaching nimmt sie sich vor, es am Kopierer oder in der Kaffeeküche doch mal mit Klatsch und Tratsch zu versuchen. Sie legt sich noch in der Coaching-Stunde einige Klatsch-Gesprächsöffner zurecht. Einer davon ist: »Ich war neulich im neuen Brad-Pitt-Film. Man sagt, für die kleine Szene im Freibad soll er sich drei Monate lang im Fitness-Studio Muskeln antrainiert haben.«

Alle angesprochenen Kolleginnen reagieren positiv und klatschen ein wenig mit Sarah. Nur eine verzieht den Mund und sagt: »Ich stehe nicht auf Brad Pitt!« Aber mit dieser Kollegin klatscht Sarah dann über das Filmidol, auf das die Kollegin steht.

Dramatischer wird's bei Klatsch und Tratsch nicht! Entweder die Leute steigen auf das angebotene Klatschthema ein oder sie bringen selber eines ein – mehr passiert wirklich nicht! Diese Aussicht bietet für eingefleischte Introvertierte ausreichend Trost und die nötige Sicherheit, um auch fremde Menschen anzusprechen. Klatsch senkt die Hemmschwelle für eine Kontaktaufnahme beträchtlich. Klatsch ist ein sehr nützliches Hilfsmittel gegen Schüchternheit und Kontaktschwäche. Probieren Sie's aus. Sie werden von der Wirkung angenehm überrascht sein.

»Keine Zeit!«

»Dafür hab ich nicht auch noch Zeit!«, »Klatsch ist doch reine Zeitverschwendung!«, »Ich habe in meiner knappen Zeit Wichtigeres zu tun!«, »Dafür ist mir meine Zeit nun wirklich zu schade!«

Auch schon mal gehört? Vielleicht sogar schon gedacht oder gesagt? Diese Vorurteile stecken in vielen Hinterköpfen. Es ist durchaus was dran (wie an jedem guten Vorurteil): Natürlich haben wir alle in diesen hektischen Zeiten kaum noch Zeit für irgendetwas. Trotzdem klatschen täglich jede Menge Menschen. Hat deren Tag etwa 26 Stunden? Nein, ihnen ist der Klatsch die Zeit wert. Diesen Wert erlebt jeder anders, je nach persönlichen Motiven:

- »Die kleine Klatschpause zwischendurch muss sein – man gönnt sich ja sonst nichts!«
- »Was ich in wenigen Klatschminuten erfahre, erspart mir oft Stunden unnötiger Arbeit!«
- »Man kann doch nicht durch den Betrieb latschen, als wäre man allein auf der Welt!«

- »Wenn ich nicht ab und zu mit den Kollegen klöne, drehe ich doch durch!«

Klatsch ist für viele Menschen keine Zeitverschwendung, sondern eine nützliche Investition. Klingt einleuchtend? Nicht für Menschen mit Zeitvorurteilen. Sie klatschen kategorisch nicht, weil es ja »Zeitverschwendung« ist! Gleichzeitig wundern sie sich jedoch, warum sie oft so gestresst und erschöpft von der Arbeit sind. Warum andere so viel mehr wissen, an ihnen vorüberziehen, sich Vorteile verschaffen, buchstäblich das Gras wachsen hören. Viele beklagen sich tatsächlich auch noch: »Mir sagt ja keiner was!« Logisch, wenn du nicht mitklatschst! Klatsch erzählt man nur Leuten, die mitklatschen! Wer sich selbst ins Abseits stellt, darf sich nicht wundern, wenn das Spiel an ihm vorübergeht. Also: Probieren geht über Studieren. Sie müssen ja nicht stundenlang klatschen und tratschen. Aber geben Sie dem Klatsch doch einfach zehn Minuten täglich eine Chance und achten Sie darauf, was Sie davon haben. Sie werden erleben: Es lohnt sich! Es macht Spaß, ist gut gegen Stress und versorgt einen mit den neuesten Neuigkeiten.

Der tiefere Grund, warum einige »keine Zeit!« vorschützen, liegt in der nicht ganz unberechtigten Furcht begründet, sich beim Klatsch zu verquasseln und auf diese Weise so viel Zeit zu verlieren, dass die eigentliche Arbeit und die Verpflichtungen darunter leiden. Deshalb klatschen sie lieber gleich gar nicht. Das jedoch heißt, das Kind mit dem Bade auszuschütten. Wer Probleme hat, beim Klatschen ein Ende zu finden, sollte sich vernünftige Zeitgrenzen setzen – und nicht gänzlich damit aufhören. Nur weil man ab und zu ein

Viertele über den Durst trinkt, gibt doch auch kein Badenser das Weintrinken auf! Maß halten ist allemal besser als knochentrockene Abstinenz.

»Das ist doch übles Gerede!«

Viele Menschen denken auch heute noch: »Klatsch? Das ist doch übles Gerede!« Das stimmt natürlich nicht. Klatsch ist Klatsch und übles Gerede ist übles Gerede. Es gibt eine deutliche Grenze zwischen Klatsch und übler Nachrede: Klatsch kann zwar manchmal etwas spöttisch, lästig oder frivol sein – doch schaden tut er nicht wirklich. Wer üble Nachrede praktiziert, schadet dagegen vorsätzlich oder grob fahrlässig anderen Menschen. Die Grenze zwischen Klatsch und Rufmord liegt exakt an jener Stelle, an der ein anderer zu Schaden kommt.

Dass manche Menschen diese Grenze im wahrsten Sinne des Wortes anstandslos überschreiten, heißt nicht, dass Klatsch übles Gerede ist. Es heißt lediglich, dass manche Menschen keinen Anstand haben und andere, die sich genauso wenig auskennen, das dann Klatsch nennen. Die meisten Menschen tun mit ihrem Klatsch keiner Fliege was zu Leide. Sie unterhalten sich lediglich glänzend und haben Spaß dabei. Da ist nun wirklich nichts Übles dran.

Wider den Zeitgeist

Eine Menge Leute lassen sich vom Klatschen abhalten oder haben dabei ein schlechtes Gewissen, weil Klatsch angeblich »unproduktiv«, »nicht effizient« oder »nicht sachgerecht« sei. Imanuel Kant (siehe Seite 53 f.) hätte über diese Ansicht nur schmunzeln können. Denn zu seiner Zeit wehte noch ein ganz anderer Zeitgeist. Im Zeitalter der Dichter und Denker hätte es kein vernünftiger Mensch gewagt, sich über eine so unterhaltsame, edle und angenehme Kommunikationsform wie den Klatsch abfällig zu äußern.

In unserer sogenannten modernen Zeit ist das anders. Da diktiert der Zeitgeist: »Alles, was nicht stressig ist, ist ineffizient!« In der modernen Leistungsgesellschaft zählt nur, was sich sofort in harter Währung auszahlt. Dass wir aber mit diesem Effizienzdogma inzwischen unsere Gesellschaft moralisch gründlich ruiniert haben, erleben wir derzeit plastisch. Dass es auch den Einzelnen ruiniert, wissen die wenigsten: Menschen, die sich dem Diktat des wildgewordenen Zeitgeistes beugen und gänzlich auf das entspannende Schwätzchen zwischendurch verzichten, schnappen über kurz oder lang über, entwickeln psychosomatische Beschwerden, brennen aus oder werden krank, unzufrieden oder unausstehlich – oder alles zusammen.

Natürlich muss man sich erst einmal aus eigener Kraft vom Zeitgeist emanzipieren, wenn man ab und an sein verdientes Schwätzchen hält. Die Welt wird Ihnen dabei selten applaudieren. Doch letztlich muss jeder selbst wissen, was gut für ihn ist. Wenn morgen der Zeitgeist beschließt, dass es in ist, von der nächsten Brücke zu springen, dann machen Sie ja auch nicht automatisch mit, oder?

Die deutsche Krankheit

Klatsch tut gut! Das ist für viele Menschen der Grund, auf Klatsch zu verzichten. Gerade den Deutschen sagt man eine sprichwörtliche Lustfeindlichkeit nach. Macht es Spaß? Tut es gut? Ist es gesund und entspannend? Dann ist es Teufelszeug! Bloß weg damit! Ein echter Deutscher tut so was nicht. Ein Deutscher arbeitet bis zum Umfallen. Deshalb sind unter allen Langnasen die Deutschen bei den Japanern immer noch sehr beliebt: Auch in Japan wird gearbeitet bis zum Umfallen. Karoshi heißt diese schöne Todesart: Tod durch Arbeiten bis zum Umfallen. Jährlich erwischt es mehr als 10 000 Japaner, oft in der Blüte ihrer Jahre. Eine Seminarteilnehmerin meinte einmal, dass auf den Grabstein dieser Unglücklichen sicher gut der Spruch passen würde: »Hier liegt einer, der ums Verrecken nicht klatschen wollte.« Ziemlich makaber, finden Sie nicht auch?

Das deutsche Gen der Lustfeindlichkeit steckt vielen Menschen in den Gliedern. Sobald eine Unterhaltung auch nur annäherungsweise Spaß macht und entspannt, bringt man das Gespräch wieder auf »ernsthafte« Themen zurück oder bricht es ganz ab. Und dann wundert man sich, dass einem in letzter Zeit die Arbeit keinen rechten Spaß mehr macht und man immer unzufriedener mit sich, Gott und der Welt wird. Der Mensch lebt eben nicht vom Brot allein. Auch etwas Klatsch muss sein. Reimt sich sogar.

»Davon bekommt man einen schlechten Ruf!«

Stimmt. Nämlich genau dann, wenn Sie es mit dem Klatsch übertreiben, üble Nachrede betreiben, intrigieren, andere nicht mehr zu Wort kommen lassen, nicht auch mal den Mund halten können, wenn es dem Gesprächspartner gerade nicht nach Klatschen ist, andere mit alten Witzen, Selbstbeweihräucherung oder Panikmache langweilen. Dann bekommen Sie natürlich einen schlechten Ruf.

Das liegt dann aber nicht am Klatsch, sondern daran, dass Sie anderen auf den Senkel gehen. Das können Sie nicht nur mit Klatsch, sondern mit jeder Art der Kommunikation; mit Small Talk genauso wie mit Appellen, Bitten oder Anweisungen. Dabei verlangt niemand von Ihnen, dass Sie Ihre Gesprächspartner langweilen, vorführen oder verärgern. Einen schlechten Ruf bekommt immer nur, wer eigensüchtig kommuniziert und die Bedürfnisse, Interessen, Erwartungen und Wünsche seiner Gesprächspartner ignoriert. Sicher kennen Sie einen oder zwei dieser nervtötenden Zeitgenossen.

Niemand zwingt Sie, es ihnen gleichzutun! Klatschen Sie einfach etwas rücksichtsvoller, gefälliger und unterhaltsamer – und Sie werden sich keine Sorgen um Ihren Ruf machen müssen. Im Gegenteil. Wer klatscht, ist beliebt und hat einen guten Ruf. Natürlich nicht, weil er oder sie »so toll klatscht!«. Das sagt niemand, weil es niemandem auffällt. Was dagegen auffällt, ist, dass der Betreffende stets glänzend informiert ist, ein aufmerksamer Zuhörer und ein interessanter Gesprächspartner ist. Klatsch ist gut fürs Ansehen.

Peters Klatschgeschichte

Peter ist vor einigen Monaten zum Abteilungsleiter aufgestiegen. Es läuft eigentlich ganz gut mit der Arbeit. Sie macht ihm Spaß und seine Ziele erreicht er auch. Was ihm buchstäblich auf den Magen schlägt, ist das Verhältnis zu seinen Mitarbeitern. Es ist nicht so, wie er sich das vorstellt. Sie tun zwar im Großen und Ganzen, was er anweist, doch mit dem Herzen sind sie nicht dabei und persönlich kommt er auch nicht sonderlich gut mit ihnen klar. Er mutmaßt: »Die akzeptieren mich nicht wirklich als Mensch und Vorgesetzten.

Mit so einer schwachen Vertrauensbasis möchte ich eigentlich nicht die kommenden Monate und Jahre arbeiten.« Eine Sondierung in der Belegschaft ergibt, dass viele seiner Mitarbeiter ihn als unnahbar, kühl, distanziert und nicht unbedingt vertrauenswürdig wahrnehmen (übrigens das Los vieler Vorgesetzten).

Peter ist zwar etwas schockiert, als er diese Beurteilung vernimmt, doch im Führungs-Coaching (einer Einzelberatung für Manager) stellen wir gemeinsam schnell fest, woran das liegt: an Peters Kommunikationsmustern. Als echter Kopfmensch beschränkt er sich bei der Kommunikation mit seinen Mitarbeitern auf das Fachliche, Sachliche, Objektivierbare, auf ZDF (Zahlen, Daten, Fakten). Als Ingenieur genießt er zwar einen untadeligen Ruf, doch als Mensch ist er bei seinen Mitarbeitern noch nicht angekommen. Sie halten ihn nicht für einen Menschen, sondern für einen wandelnden Führungscomputer.

Als ich ihn frage, wie er das ändern könne, sagt er etwas, das viele Führungskräfte sagen: »Vielleicht könnte ich künftig etwas mehr über das typisch Menschliche mit den Mitarbeitern reden. Auch mal Dinge, die mit den aktuellen Aufträgen oder Projekten nichts zu tun haben. Vielleicht sollte ich mich einfach mehr am Büroklatsch beteiligen. Andererseits: Ein Chef beteiligt sich doch nicht am gewöhnlichen Klatsch, oder?«

Das ist auf zweierlei Weise typisch: Einerseits erkennen die meisten Menschen recht schnell, dass Klatsch und Tratsch der direkte Weg zum Herzen der Menschen ist. Andererseits werden die meisten Menschen durch ganz persönliche Vorbehalte davon abgehalten, sich dieses Erfolgsrezeptes zu ihrem Vorteil zu bedienen. Wir haben in diesem Kapitel bereits einige gängige Vorurteile kennengelernt. Der Chefvorbehalt ist ein neues: »Chefs klatschen nicht, vor allem nicht mit Mitarbeitern!«

»Chefs klatschen nicht!«

Es dauerte eine halbe Stunde, bis ich mit Peter alle Vorbehalte durchgesprochen hatte, die ihn vom Klatschen abhielten. Er hatte Angst, sich zu sehr mit den Mitarbeitern zu »verbrüdern«. Er wollte »keine Zeit verlieren«. Er wollte »nicht zu gewöhnlich erscheinen«. Zur Einsicht brachte ihn schließlich sein Wunsch, von seinen Mitarbeitern auch als Mensch anerkannt zu werden: Menschen klatschen – und wenn er als Mensch akzeptiert werden möchte, dann nur dann, wenn er mitklatscht. Als er das erkannt hatte, war der Bann gebrochen, der Weg frei zu den Herzen seiner Mitarbeiter. Er beteiligte sich nach und nach stärker am Small Talk, am Büroklatsch, auch an Gesprächen, in denen es vernehmlich »menschelte«. In dem Maß, wie er sich an diesen informellen Kommunikationsformen beteiligte, wuchs auch das Vertrauen seiner Mitarbeiter in ihn.

Dieses Überwinden von Vorbehalten gegen Klatsch und Tratsch ist die Regel, nicht die Ausnahme. Die meisten Menschen klatschen und tratschen, wenn sie unter Kollegen oder in der Familie sind. Doch ausgerechnet dann, wenn sie es am nötigsten hätten, wenn es ihnen am meisten nützen würde, klatschen sie oft nicht. Weil irrationale Vorbehalte es ihnen verbieten. Diese Vorbehalte kann man ein ganzes Leben lang mit sich herumschleppen und sich von ihnen in die Suppe spucken lassen. Oder man kann seine Aufmerksamkeit auf sie richten, sich bewusst mit ihnen auseinandersetzen und sie allein dadurch schon überwinden. In der Regel braucht man noch nicht einmal, wie Peter, einen Coach dazu. Ein wenig guter Wille und etwas Selbstreflexion genügen völlig. Ganz nützlich dabei ist auch die folgende Abgrenzung.

Abgrenzung: Was wollen Sie? Und was nicht?

Obwohl alle Menschen gerne klatschen, haben alle Menschen Vorbehalte gegen Klatsch. Eine hübsche Paradoxie, die sich situativ erklärt: Unter Freunden klatscht man gerne, doch wenn einem Klatsch beruflich oder gesellschaftlich nützen könnte, dann entwickeln die meisten plötzlich irrationale Hemmungen. Einige davon haben wir in diesem Kapitel bereits kennen- und überwinden gelernt.

Was bei dieser Überwindung von Hemmungen ungemein hilft, ist die Abgrenzung. Nehmen Sie einfach Ihren aktuellen Vorbehalt gegen Klatsch und Tratsch ernst und grenzen Sie sich davon ab. Sie haben etwas gegen Klatsch und Tratsch, weil Sie nichts Böses über andere erzählen wollen? Dann erzählen Sie auch nichts Böses über andere und klatschen Sie über alle anderen Themen, bei denen Sie über andere nichts Böses erzählen müssen! Sie möchten mit Klatsch und Tratsch keine Zeit verlieren? Dann tun Sie es auch nicht! Schließlich kann Sie niemand dazu zwingen. Machen Sie einfach Turbo-Klatsch (siehe auch Kapitel 5, Seite 168 ff.), Klatsch en passant, im Vorübergehen, zwischen Tür und Angel – das kostet Sie nur Sekunden! Sie möchten vom Klatsch und Tratsch keinen schlechten Ruf bekommen? Dann tun Sie es auch nicht! Klatschen Sie ausschließlich über Dinge und in einer Form, die Ihrem Ruf zuträglich ist!

Das Muster ist klar, nicht wahr? Egal, was Sie am Klatsch stört, benennen Sie es einfach und schließen Sie es dann bewusst aus, grenzen Sie sich davon ab. Klatschen Sie nicht über das, was Sie nicht mögen – dafür aber über den ganzen Rest des Klatschuniversums! Hört sich vernünftig und im Grunde banal an? Ist es auch. Es ist so banal, dass die meisten Menschen nicht draufkommen. Die meisten Menschen machen nämlich genau das Gegenteil. Sie schütten das Kind mit dem Bade aus.

Das Kind mit dem Bade

Die meisten Menschen verzichten auf 90 Prozent von etwas Gutem, weil sie sich an 10 Prozent davon stören. Sie folgen einer Alles-oder-nichts-Ideologie, wie der Psychologe sagt. Ihr Unterbewusstsein sagt ihnen: »Wenn man mit Klatsch Zeit verlieren kann, dann klatsche ich eben nicht!« Das ist so, als ob man das Auto in die Schrottpresse gibt, weil Fliegendreck auf der Windschutzscheibe klebt. Unverhältnismäßig.

Wir alle erliegen hin und wieder dieser Selbstsabotage-Strategie. Das macht nichts, das ist nur allzu menschlich. Es schadet auch nichts – solange Sie die Selbstsabotage (rechtzeitig!) bemerken und abstellen. Fragen Sie sich einfach hin und wieder, wo Sie sowieso schon klatschen und wo Sie es bislang absolut nicht tun, weil »man das doch nicht tut«. Meist steckt ein irrationaler Vorbehalt dahinter, den die Alles-oder-nichts-Ideologie dann zum Generalverbot aufbläst. Schon interessant, was man anhand von banalem Klatsch alles über sich und die eigene Psyche erfahren kann, nicht wahr? Kommunikation ist eben immer auch autobiographisch. Man kann nicht kommunizieren, ohne dabei etwas über sich selbst auszusagen. Wer etwas sagt oder nicht sagt, sagt damit immer auch etwas über sich selbst aus. Gut, wenn man das selbst auch verstehen kann…

Wer will sich schon vollquatschen lassen?

Ein häufiger Vorbehalt gegen Klatsch und Tratsch ist: »Aber ich möchte mich doch nicht ständig von anderen Menschen vollquatschen lassen!« Mal ehrlich: Wer möchte das schon?

Die subjektive Furcht vor dem Zugequatschtwerden ist zwar real, doch die objektive Gefahr ist sehr gering: Erstens passiert es eher selten, dass Sie tatsächlich einer mal ohne Rücksicht auf Verluste an die Wand klatscht. Zweitens gehören immer zwei dazu: Einer, der's macht, und einer, der es mit sich machen lässt. Wenn Sie es nicht mit sich machen lassen wollen, dann wird es auch nicht passieren! Grenzen Sie sich einfach dagegen ab. Sagen Sie sich: »Ich klatsche gerne, aber nicht, wenn mich einer zutextet!« Und dann sagen Sie einfach Nein, wenn Sie einer zutexten möchte – höflich, aber deutlich: »Tut mir leid, ich bin gerade sehr in Eile.« Oder: »Ich würde gerne noch plaudern, aber es ist mal wieder dringend.« Oder wechseln Sie doch einfach das Thema! Niemand kann Sie dazu verurteilen, sich vollquasseln zu lassen. Sie können auch klatschen, ohne sich zutexten zu lassen, ohne viel Zeit zu verlieren. Wenn Sie klatschen, heißt das nicht, dass Sie machen, was andere wollen – das machen Sie ja sonst auch nicht!

Klatsch & Tratsch

Lachen ist gesund. Wer lacht, wird seinen Schnupfen schneller los beziehungsweise bekommt erst gar keinen. Deshalb werden Studenten regelmäßig vor Prüfungen krank: (Prüfungs-)Stress macht krank, weil er das Immunsystem lahmlegt. Lachen eliminiert dagegen nicht nur Stress (wer lacht, kann sich nicht gleichzeitig gestresst fühlen), sondern belebt ungemein das Immunsystem. Norman Cousins, berühmter US-Autor, heilte eine eigentlich unheilbare Entzündungskrankheit, indem er sich tage- und stundenlang lustige Filme anschaute. Und nun der Clou: US-Forscher stellten fest, dass normalerweise nur 20 Prozent unserer Lacher von Witzen und TV-Sitcoms ausgelöst werden. 80 Prozent kommen von ganz normalem Klatsch und Tratsch, dem Ablästern und Sich-lustig-Machen über Geschehnisse, Dinge und andere Leute. Schlussfolgerung der Forscher: Klatschen hält gesund, weil wir dabei immer was zu lachen haben!

»Ich will mir nicht den Mund über andere zerreißen!«
Viele Menschen scheuen sich mit Recht davor, zu klatschen, weil sie sich über andere nicht den Mund zerreißen möchten. Inzwischen wissen Sie, wie man über diesen Vorbehalt hinweg kommt: Wenn Sie's nicht wollen, tun Sie's einfach nicht! Niemand kann Sie dazu zwingen.

Mit dieser Empfehlung haben viele Menschen jedoch ein Problem: Sie wissen nicht, wie's geht. Sie sagen: »Aber wie soll denn das gehen? Nichts Böses erzählen und trotzdem klatschen?« Für sie sind Klatsch und üble Nachrede ein und dasselbe. Warum? Weil sie nicht zwischen Bewertung und Beschreibung unterscheiden (können). Lachen Sie bitte nicht. Das heißt nicht, dass einige von uns ein bisschen dumm sind. Das heißt lediglich, dass unsere Pisa-qualitätsgeprüften Schulen in einem weiteren Punkt kläglich versagen: Sie bringen uns und unseren Kindern nicht den Umgang mit unserer Muttersprache bei. Die meisten Menschen kennen nicht den Unterschied zwischen Bewerten und Beschreiben, weil er ihnen niemals beigebracht wurde. Dabei ist der Unterschied erschreckend simpel:

- Klatsch 1: »Hast du schon gehört? Michael ist jetzt mit dieser blonden Schlampe vom Lohnbüro zusammen!«
- Klatsch 2: »Hast du schon gehört? Michael ist jetzt mit der Blonden vom Lohnbüro zusammen!«

Beide Äußerungen sind Klatsch pur. Klatsch 1 verwendet jedoch eine Wertung (»Schlampe«), Klatsch 2 dagegen eine Beschreibung (»die Blonde«). Beschreibungen kann man nachmessen (blond von mir aus mit einer Farbskala), Bewertungen nicht. Oder hat schon mal jemand eine Schlampe nachgemessen? Wenn Sie unangenehmen (richtig erkannt: Das ist eine Wertung) Zeitgenossen zuhören, werden Sie rasch bemerken, dass sie sehr wertend klatschen:

»Unser Chef, die dumme Nuss, hat mal wieder keine Ahnung von der Auftragsdurchlaufzeit und hat dem Kunden die Lieferung blödsinnigerweise noch bis Freitag zugesagt!« Das ist Klatsch, der nur so vor Wertungen strotzt und damit hart an der Grenze zum Rufmord liegt. Wenn Sie sich nicht derart den Mund zerreißen, aber trotzdem Ihrem Herzen Luft machen und gerne klatschen möchten, können Sie genauso gut ohne Wertung klatschen: »Unser Chef hat dem Kunden die Lieferung noch bis Freitag zugesagt. Ich weiß nicht, wie wir das schaffen sollen!« Oder: »Ich weiß nicht, was er sich dabei gedacht hat!« Oder: »Ich wünschte, er würde ab und zu auch mal an uns denken.« Das ist genauso Klatsch, aber kein ehrenrühriger. Das befreit emotional genauso gut, aber ohne den Chef zu beschädigen. Wer ohne Wertungen klatscht, muss sich dabei nicht das Maul zerreißen.

Der Klatschabstinente

Es gibt tatsächlich Menschen, die sich jeder informellen Kommunikation enthalten, so unwahrscheinlich das klingt: kein Small Talk, kein Klatsch, kein »Wie geht's denn heute so?«, oft noch nicht einmal ein Gruß im Vorübergehen! Vielleicht kennen Sie ja auch so einen. Schlimm (Wertung!), nicht? Wir könnten jetzt ganz wunderbar über diese Klatschabstinenzler ablästern, doch wir wollen der Versuchung widerstehen.

Was halten Sie von solchen Menschen? Unsympathisch ist tatsächlich die am häufigsten genannte – na, was? – richtig, Bewertung. Natürlich merken diese Menschen, dass sie als unsympathisch gelten, bei anderen nicht ankommen, oft isoliert sind. Doch das ist natürlich die Schuld der anderen: »Was soll denn dieses hohle Gerede? Ich klatsche doch nicht wie die anderen!« Das darf man ruhig denken, schließlich hat jeder ein Recht auf eine eigene Meinung. Man darf sich dann aber nicht wundern, dass man nicht als Mensch, sondern als Maschine, als seelenloser Roboter wahrgenommen wird.

Wem Menschliches wie Small Talk oder Klatsch fremd ist, der ist auch anderen Menschen fremd. Das ist hart. Aber so funktioniert nun mal die menschliche Gesellschaft. Oder wie die Amis sagen: It's the only game in town! Etwas brutal formuliert: Ohne Klatsch kann man in einer menschlichen Gesellschaft nicht als Mensch überleben. Über gewisse kommunikative Fähigkeiten muss ein Mensch verfügen, wenn er nicht als Einsiedler leben möchte. Zu diesen Schlüsselfähigkeiten menschlicher Kommunikation gehören nun eben mal Klatsch und Tratsch. Je früher ein Abstinenzler das erkennt, desto besser für ihn und seine Umwelt.

»Ich bin doch kein Kummerkasten!«

Klatsch hat eine eminent wichtige Ventilfunktion (siehe Kapitel 1, Seite 21 f.): Wer Stress hat, verschafft sich mit Klatsch Luft. So überlebenswichtig diese Funktion für den Dampfablassenden ist, sie ist gleichzeitig ein Grund dafür, warum viele Menschen etwas gegen Klatsch haben:

- »Ich hasse es, wenn andere sich bei mir auskotzen!«
- »Ich bin doch nicht der seelische Mülleimer für alle!«
- »Die missbrauchen mich als Therapeuten!«
- »Ich bin nicht der Betriebsseelsorger!«
- »Die ziehen mich total runter mit ihrer Jammerei!«

Wer selbst nicht klatscht und sich nicht klatschend Stresserleichterung verschafft, darf solche Sprüche von sich geben und damit seinen Rauswurf aus dem Homo-sapiens-Club besiegeln (siehe oben, »Der Klatschabstinente«). Denn genau das passiert, wenn man sich als Anlaufstation für Klatschsuchende abschottet. Bei wem man nicht sein Herz ausschütten darf, der gilt als nicht vertrauenswürdig, als »keiner von uns« und als hartherzig. Natürlich soll sich niemand von einem Jammerer die Zeit stehlen lassen. Doch fünf Minuten kann man immer zuhören, bevor man zu »dringenden Geschäften« abberufen wird. So viel Menschlichkeit muss sein.

Ein cleverer Klatscher würde sich übrigens niemals gegen Jammertiraden abschotten, sie allenfalls zeitlich eingrenzen. Denn das verbale Auskotzen, das Dampfablassen ist eines der wichtigsten, wenn nicht das wichtigste kommunikative Bedürfnis jedes Menschen. Wer da nicht mitmacht, macht sich unterlassener Hilfeleistung schuldig. Wer dagegen mitmacht, hat bei dem Betreffenden einen Stein im Brett und einen Freund fürs Leben. Es gibt Verkäufer, die Spitzenumsätze allein damit machen, dass sie ihre Kunden ihr Herz ausschütten lassen – denn wo kann man das heutzutage noch? Die bittere Wahrheit: Nirgends! Oft noch nicht einmal mehr in der eigenen Familie oder gegenüber dem Beziehungspartner. Es hört doch heutzutage keiner mehr zu, ohne ungefragt dumme Tipps zu geben!

Die Menschen sind oft enttäuscht,
dass das Geniale so einfach ist.
Sie vergessen darüber, dass sie noch
ihre liebe Mühe haben werden,
es auch anzuwenden.

Johann Wolfgang von Goethe

3 Die hohe Kunst des Klatschens

Das Geniale ist so einfach

Klatschen ist einfach, nicht? Alle können's, alle tun's. Gerade weil Tratschen so einfach ist, erstaunt es immer wieder, wie viel dabei falsch gemacht wird. Über die geläufigsten Fehler haben Sie sich sicher auch schon geärgert. Wie viele Menschen gehen Ihnen mit ihrem Klatsch regelmäßig auf die Nerven? Welche Zeitgenossen meiden Sie nach Möglichkeit, weil Sie von ihnen zu oft zugequatscht oder ausgefragt wurden? Wer langweilt Sie immer wieder mit seinen klatschhaften Profilierungsarien? Sehen Sie, alle diese Menschen klatschen auch – aber sie machen etwas falsch.

Sie klatschen auf eine Weise, die Sie verärgert und die ihnen damit selbst schadet – und die Klatschsünder merken das oft noch nicht einmal! Das ist das Paradoxe an Klatschsünden: Bei anderen Menschen fallen sie uns sofort auf, bei uns selbst dagegen nicht. Neulich sagte ein Seminarteilnehmer: »Nein, also ich gehe beim Klatschen niemandem auf die Nerven. Schließlich fasse ich mich immer kurz und knapp.« Daraufhin räusperte sich eine Kollegin im Seminarraum und meinte leise: »Stimmt – außer wenn du über Fußball klatschst, dann findest du kein Ende!« Dem Angesprochenen fiel der Unterkiefer runter. Nicht so sehr, weil er die Kollegin jahrelang gelangweilt hatte, sondern weil er es jahrelang nicht bemerkt hat! Im Gegenteil: Er hatte sogar angenommen, dass sich alle bei seinen Fußball-Storys köstlich amüsieren – bloß weil er selbst sich dabei amüsiert. Woher kommt diese Klatschsünde? Vom blinden Fleck der Selbstwahrnehmung.

Diesen blinden Fleck hat jeder Mensch. Das ist nicht schlimm, das ist menschlich. Schlimm wird es nur dann, wenn wir den Fleck nicht bemerken und er zum Schandfleck wird, weil wir jahrelang mit unseren Klatschsünden anderen auf die Nerven gehen. Wem gehen Sie auf die Nerven, ohne es zu wissen? Wann? Womit? Eine Auswahl der klassischen Klatschsünden finden Sie auf den folgenden Seiten. Bedienen Sie sich! Je besser Sie die üblichen Klatschkapitalfehler kennen, desto eher werden Sie sie vermeiden, desto mehr Spaß werden Sie bei Klatsch und Tratsch haben und desto eher werden Sie bei anderen Menschen ankommen.

Übertreiben Sie nicht!

Gerade weil Klatschen so angenehm ist, ist die größte Gefahr dabei die Übertreibung. Wenn etwas so viel Spaß macht, lässt man/frau sich gerne dabei hinreißen. Sicher kennen Sie notorische Klatschbasen, die, sobald sie in Fahrt geraten, den Mund nicht mehr zukriegen und andere minutenlang zutexten. Wie finden Sie das? Lästig natürlich. Nervtötend. Aber so etwas würden Sie natürlich nie tun! Tatsächlich? Das wissen Sie nicht. Wie Sie bei anderen ankommen, können nur die anderen beurteilen, bei denen Sie ankommen. Kommunikation entsteht beim Empfänger.

Deshalb können Sie davon ausgehen, dass selbst ein zurückhaltender Mensch in bestimmten Situationen vor bestimmten anderen Menschen als aufdringlich, vorlaut oder rechthaberisch empfunden wird. Warum? Weil der andere sauer ist, dass er keine faire Chance bekommt!

Geben Sie andern eine Chance!

Sich selbst zu bremsen, um andere nicht zuzutexten, funktioniert nicht. Dafür macht Klatsch viel zu viel Spaß. Also lassen Sie sich ruhig vom Klatschkoller mitreißen, wenn er Sie packt! Der Klatschpartner, den Sie dabei zugegebenermaßen zutexten, hört Ihnen wirklich gerne zu – sofern Sie auch ihm die Chance geben, mal so richtig vom Leder zu ziehen! Aus exakt diesem Grund sind Klatschbasen so unbeliebt: Sie erwidern die Aufmerksamkeit nicht! Es regt uns weniger auf, dass uns eine Klatschbase zuklatscht. Es regt uns viel stärker auf, dass sie uns nicht die Chance gibt, unserem eigenen Mitteilungsdrang nachzugeben. Wenn Sie klatschen, geben Sie anderen eine faire Chance.

Manchmal steht zu lesen, dass man Gespräche deshalb 50:50 aufteilen soll – 50 Prozent Reden, 50 Prozent Zuhören. Genau das ist nicht mit fair gemeint! Denn nicht alle Menschen reden gleich gerne. Manche sind schon mit einem Gesprächsanteil von 30 Prozent zufrieden, etliche mit weniger, wieder andere brauchen mehr! Viel besser als die Prozentquote funktioniert das uralte Prinzip des Ausgleichs von Geben und Nehmen: Wer gibt, muss auch nehmen. Wie viel? So viel, wie der andere geben möchte.

Schau mir in die Augen, Kleiner!

Um Ihrem Gesprächspartner anzusehen, ob er sich gerade von Ihnen zugetextet fühlt und selbst dringend was sagen möchte, müssen Sie ihn erst mal ansehen. Jetzt ohne Scherz: Das ist eine Voraussetzung, die bei erstaunlich vielen Gesprächen auf paradoxe Weise nicht gegeben ist. Wir sehen den andern meist gar nicht (an)! Normalerweise reden wir nicht *mit* Menschen, sondern an ihnen *vorbei*. Das ist nicht unhöflich, das ist normal: Wer erzählt, konzentriert sich dabei unwillkürlich auf sich und das zu Erzählende. Ob der andere dabei das Gesicht verzieht, weil er sich langweilt, registrieren wir allenfalls unterbewusst. Der Mund lässt sich davon nicht beeindrucken: Er quatscht weiter, als hätte er eigene Absichten.

Das passiert, wie gesagt, unbewusst. Deshalb ist die Abhilfe einfach: Klatschen Sie bewusst! Achten Sie bewusst auf den anderen, mit dem Sie klatschen. Nicht ständig, aber immer wieder; quasi mit periodischem Kontrollblick. Das ist übrigens ein grundsätzlicher Erfolgsfaktor der Kommunikation, der nicht nur beim Klatsch, sondern in jeder Art von Gespräch den Gesprächserfolg garantiert: Aufmerksamkeit für den Gesprächspartner.

Schauen Sie den andern an, wenn Sie mit ihm klatschen. Achten Sie auf seine nonverbalen Signale. Hört er Ihnen überhaupt noch zu? Oder langweilen Sie ihn bereits kolossal? Zuckt er hin und wieder ein wenig zusammen, wenn Sie sprachlich danebengreifen? Sie können es seinem Gesicht, seiner Gestik und seiner Körpersprache ansehen, wenn er auch etwas sagen möchte, wenn er noch mehr sagen möchte oder wenn er wieder bereit ist, Ihrem nächsten Klatschbeitrag zuzuhören.

Klatsch & Tratsch

Warum werfen Krisen (Jobverlust, Krankheit, Tod naher Angehöriger, Ärger bei der Arbeit) einige Menschen um, während andere gestärkt daraus hervorgehen? Die Wissenschaft hat für den entscheidenden Unterschied ein Wort: Resilienz – innere Stärke. Diese Stärke basiert auf einer Handvoll Faktoren. Erstaunlicherweise ist einer davon Klatsch, und zwar in eigener Sache. Menschen, die ihr Problem nicht in sich hineinfressen, sondern anderen ihr Herz ausschütten, sind resilienter. Das heißt, sie lassen sich von Krisen und Problemen nicht unterkriegen und stehen schneller wieder auf.

Platzhirsche füttern

Klatschen ist psychologisch betrachtet überlebenswichtig. Wer gestresst ist, wer Ärger mit Vorgesetzten oder Kunden hat, wem der Job stinkt, wer Beziehungsstress oder Familienkrach hat, der klatscht mit einem guten Freund, einer guten Freundin, um sich den Frust von der Seele zu reden.

Diese Ventilfunktion erklärt, warum es manche manchmal mit dem Klatschen übertreiben: Wenn das Bedürfnis gar zu groß wird, dann geht der Gaul mit uns durch. Wie Luther schon sagte: Wem das Herz voll ist, dem läuft das Maul über. Wer kennt sie nicht, die Platzhirsche, Rechthaber, Besserwisser und Oberlehrer? Die Zeitgenossen, die überall mitreden, überall ihren Senf dazugeben wollen, auch wenn sie keinen blassen Schimmer vom Thema haben? Die Menschen, die jede

Story mit einer noch tolleren Anekdote übertrumpfen müssen? Die Nerver, die sich schamlos produzieren, sich auf Kosten anderer im Gespräch profilieren?

In allen diesen Fällen ist der aufgestaute Frust so groß, dass die Menschen zu verzweifelten Kommunikationsformen greifen, um ihre drückende seelische Not zu lindern. Wie ein Populärpsychologe einmal sagte: »Rechthaberei ist lediglich ein versteckter Wunsch nach Anerkennung.« Schon allein diese Erkenntnis hilft, Rechthaber und Besserwisser beim nächsten Überfall gelassener zu ertragen. Es erleichtert ungemein und rettet die Situation, wenn Sie sich dabei sagen: »*Er* hat das Problem, nicht ich.« Oder: »Sie will mich nicht nerven, sie braucht bloß Anerkennung.«

Wenn Ihnen ein Platzhirsch über den Weg läuft und Sie dröhnend anröhrt, dann geben Sie ihm am besten, was er begehrt: ein offenes Ohr und ein wenig Aufmerksamkeit. Je eher Sie ihm das geben, desto eher lässt er Sie in Ruhe und zieht sich wieder in sein Revier zurück. Natürlich ist die erste, spontane Reaktion meist das Gegenteil: Wir würden am liebsten weglaufen, hören widerwillig nur mit halbem Ohr zu. Das ist die beste Möglichkeit, um sich maximal lange aufhalten zu lassen. Denn der andere bemerkt natürlich, dass Sie ihm nicht geben wollen, was er möchte – und quatscht Sie deshalb nur noch intensiver an! Also geben Sie ihm doch gleich, was er möchte, dann sind Sie beide schneller zufrieden und können wieder Ihrer Wege gehen. Probieren Sie's mal aus! Sie werden über die Wirkung erstaunt sein – und bei anderen sehr beliebt.

Oberlehrer mag keiner

Was aber tun Sie, wenn es Sie selbst erwischt? Wenn Sie sich selbst dabei ertappen, wie Sie beim Klatschen rechthaben, besserwissen, überall Ihren Senf dazugeben, übertrumpfen, Selbstprofilierung betreiben? Zugegeben, es fällt nicht leicht, sich das einzugestehen. Doch solange der Rechthaber noch mit Ihnen durchgeht, werden Sie nicht wirklich beliebt bei anderen sein.

In vielen Ratgebern steht zu lesen: »Oberlehrer mag keiner – also spielen Sie sich auch nicht als solcher auf!« Prima Ratschlag. Nach diesem Strickmuster könnte man auch raten: »Sie möchten das Rauchen aufgeben? Dann hören Sie doch einfach auf zu rauchen!« Oder: »Wenn Sie abnehmen möchten, dann essen Sie einfach weniger.«

Wenn es so einfach wäre, hätte kein Mensch Gewichtsprobleme! Warum funktionieren solche populärpsychologischen Ratschläge nicht? Weil sie das Klatschmotiv ignorieren. Wenn Sie sich bei Klatsch und Tratsch gelegentlich als Oberlehrer aufspielen, haben Sie nämlich einen ganz konkreten Grund dafür. Der häufigste ist: das Bedürfnis nach Beachtung, Anerkennung, Sicherheit oder Aufmerksamkeit.

Diese Bedürfnisse befriedigen Sie nicht, indem Sie sie ignorieren, sich mächtig zusammenreißen und aufs Rechthaben verzichten. Im Gegenteil: Je »disziplinierter« Sie ein Bedürfnis ignorieren, desto übermächtiger wird es. Ignorieren funktioniert nicht – aber das haben Sie sicher auch schon festgestellt! Sie haben dann vielleicht gedacht, dass Sie sich eben noch nicht genug zusammengenommen haben. Das ist ein Irrtum: Kein noch so starkes Zusammennehmen kann Bedürfnisse befriedigen.

Wenn Sie ein Bedürfnis haben, werden Sie es erst wieder los, wenn Sie es befriedigen. Deshalb ist der einfachste Weg, Rechthaberei und Besserwisserei abzustellen, sich zu fragen, was man denn damit erreichen möchte. Wenn es Aufmerksamkeit ist: Die erreichen Sie auch anders, zum Beispiel durch eine interessante Klatschgeschichte.

Franks Klatschgeschichte

Frank steht seit einiger Zeit auf die sympathische Kollegin aus der Kreditorenbuchhaltung. Er hat bloß ein Problem: »Jedes Mal, wenn wir nett in der Kaffeeküche oder der Kantine plaudern, kehre ich irgendwann den Besserwisser raus! Ich kann nichts dagegen machen! Das bricht einfach so aus mir heraus!« Das ist ein geschlechtsspezifisches Klatschproblem. Viele Männer leiden darunter. Und nur die guten bemerken das überhaupt …

Wenn die Kollegin zum Beispiel meint: »Das Geld ist immer weniger wert! Die ganzen Preiserhöhungen in letzter Zeit und dann noch die steigende Inflation!«, dann kann Frank es sich nicht verkneifen, darauf hinzuweisen: »Ähem, Inflation und Preiserhöhungen sind dasselbe!« Das stimmt zwar, doch hinterher könnte sich Frank die Zunge abbeißen. Mit seinen Belehrungen steigert er seine Chancen bei der Kollegin nicht gerade. Und so sehr er sich auch zusammenreißt, mindestens einmal im Gespräch rutscht ihm so eine Besserwisserei durch. Dabei ist Frank noch gut dran: Er bemerkt wenigstens seinen Flirtfehler. Die meisten Kerle tun das nicht und schieben die Schuld auf die Angeflirtete: »Zimtzicke! Warum ziert die sich so?«

Im Coaching kam Frank auf das Problem zu sprechen.

Lachen Sie nicht! Viele Berufstätige nutzen Coachings inzwischen auch für das Beseitigen privater und familiärer Blockaden. Ich fragte ihn, was er mit seiner Besserwisserei denn bezwecke. Seine Antwort: »Imponieren natürlich!« Ich fragte ihn, wie ich ihm wohl stärker imponieren könne: Indem ich ihm seine Fehler vorhalte oder indem ich ihm meine Zustimmung ausspreche. Bei Frank fiel der Groschen.

Bezeichnenderweise bricht meist gegenüber denselben Personen in denselben Situationen der Besserwisser in uns durch. Wo, wann, bei welchen Themen, in welchen Situationen und bei welchen Menschen kehren Sie den Rechthaber heraus? Da tun sich interessante Erkenntnisse auf, nicht wahr? Hören Sie in diesen Situationen auf, sich zusammennehmen zu wollen. Das funktioniert nicht und strengt mächtig an. Überlegen Sie lieber, welchen Zweck Sie damit verfolgen – und erreichen Sie diesen Zweck auf andere, nicht rechthaberische Weise. Wie das geht? Frank macht's vor.

Als beim nächsten Mal die nette Kollegin meint, dass der Cash-Flow derzeit mager sei, was wohl an den schwachen Deckungsbeiträgen liege, schmunzelt Frank still. Der Rechthaber in ihm würde die Kollegin gerne darauf aufmerksam machen, dass das eine nicht unbedingt etwas mit dem anderen zu tun hat. Doch der Imponierer in Frank ist inzwischen schlauer. Er bestätigt die Kollegin, denn Bestätigen imponiert immer noch am besten: »Da haben Sie recht. Unser Cash-Flow ist kein Flow mehr, sondern nur noch ein mageres Rinnsal!« Die Kollegin lächelt. Sie findet Frank eigentlich ganz sympathisch. Weil sie sich verstanden fühlt. Verständnis macht attraktiv und sympathisch. Auf jeden Fall sympathischer als Rechthaberei. Wer findet einen Oberlehrer schon sympathisch?

Männer klatschen anders

Was wir aus Franks Klatschgeschichte lernen: Übertrumpfen ist eine Klatschsünde. Das ist die Regel. Der Ausnahme von der Regel begegnen Sie in reinen Männerklatschrunden. Dort ist Übertrumpfen keine Sünde, sondern eine Tugend; genauer: ein Ritual. Ein Beispiel:

Peter: »Die ganzen Preiserhöhungen in letzter Zeit und dann noch die ständig steigende Inflation!«

Frank: »Ich dachte immer Preissteigerung und Inflation seien dasselbe.«

Peter: »Ach ja? Und was war bei der Euro-Umstellung? Da verdoppelten unter anderem Frisöre, Bäcker und Restaurants die Preise, während der offizielle Inflationsindex nichts davon mitbekam!«

Frank: »Na, nun verwechsle mal nicht Äpfel mit Birnen!«

Männer spielen gerne Konkurrenzspiele: Übertrumpfen, Rechthaben, Fehlersuchen, schwarzer Peter. Vielleicht kennen Sie die Bankwerbung mit dem Slogan: »Mein Haus, mein Auto, meine Jacht!« Sie ist ein Beispiel für das ritualisierte Konkurrenzdenken selbst in harmlosen Klatschsituationen. Männer protzen gerne mit Fähigkeiten, Erfolgen und Besitztümern, um anderen zu imponieren. Daher floppte dieser Werbespot bei weiblichen Kunden, weil Frauen dieses Ritual nicht pflegen. Im Gegenteil. Sie finden es kindisch bis abstoßend. Frauen haben andere Rituale.

Klatschrituale

Wer gerne klatscht, tut gut daran, die einschlägigen Klatschrituale zu kennen, um mitspielen zu können. Wenn Sie als Mann unter Männern klatschen und offensichtlich Übertrumpfen gespielt wird, dürfen, ja müssen Sie mitspielen, weil Sie sonst in den Augen der anderen »kein richtiger Mann« sind. Wenn Sie mit Frauen klatschen, sollten Sie die Besserwisserei dagegen zu Hause lassen und durch Verständnis und Bestätigung ersetzen. Konkurrenz ist das Ritual der Männer, Gemeinschaft das der Frauen.

Wenn Sie als Frau unter Männern klatschen, sollten Sie auf keinen Fall beim Übertrumpfen mitspielen. Denn das Ritual ist typisch doppelmoralisch: Ein Mann lässt sich auch im 21. Jahrhundert nicht von einer Frau übertrumpfen. Sie dürfen und sollen mitspielen, indem Sie mithalten, das heißt Ihre Karten ausspielen, aber die Trümpfe im Ärmel lassen. Frauen finden dieses »Untertrumpfen« meist sehr erleichternd, weil sie sich fürs Übertrumpfen einfach zu stark verbiegen müssten – und wer möchte das schon?

Wenn Männer also zum Beispiel über ihre jüngsten Erfolge bei Kundengesprächen klatschen, dann darf frau ruhig mithalten und eigene Umsatzerfolge anführen – sofern sie nicht wesentlich besser sind als die der Männer. Klingt zwar peinlich und primitiv, doch Rituale ignoriert man/frau stets auf eigene Gefahr. Auch Frauen mögen es nicht, wenn Männer Frauenrituale ignorieren.

Klatsch & Tratsch

Dass Klatsch ein internationales Kulturgut ist, sehen wir auch daran, dass jedes Volk seine Sprichwörter darüber hat. Ein arabisches Sprichwort sagt zum Beispiel: »Was zwischen zwei Zungen gerät, gerät zwischen tausend.« Und ein jüdisches Sprichwort sagt: »Es gibt Geheimnisse, von denen man nicht wüsste, wenn sie keine Geheimnisse wären.«

Bitte keine Ratschläge!

Das Paradoxe an Klatschsünden ist, dass sie meist mit bester Absicht begangen werden. Paradebeispiel dafür ist das Ratschlagen. Ein Beispiel:

Barbara: »Also, meine Vorhänge sind beim letzten Waschen mit Grauschleier aus der Trommel gekommen! Wie das aussieht! Die ganze Arbeit umsonst!«

Annette: »Versuch's doch mal mit einem milden Bleichmittel. Damit bleibt das Weiß auch Weiß.«

Üblicher Klatsch? Sicher doch. Passiert jeden Tag millionenfach (nicht nur zum Thema Vorhangwäsche). Der Rat ist sicher gut gemeint. Doch der schlimmste Feind von gut ist gut gemeint. Barbara denkt sich nach dem Klatsch nämlich: »Das ist doch wohl die Höhe! Bildet sich diese dumme Kuh ein, mir Ratschläge in Sachen Haushalt geben zu müssen! Die soll sich lieber um ihren eigenen Schweinestall kümmern!«

Das finden Sie erstaunlich? Das finden die meisten Menschen – bis man ihnen selbst einen Ratschlag gibt. Dann sind sie ähnlich sauer wie Barbara. Aus einem einfachen Grund: Auch Ratschläge sind Schläge. Warum? Weil Annette zwar über Bleichmittel spricht, Barbara jedoch die Botschaft dahinter heraushört: »Ich bin eine bessere Hausfrau als du!« Und das lässt sich keine gerne sagen!

Einen Rat wollte Barbara nicht hören (sonst hätte sie danach gefragt). Was sie hören wollte und was Annette gesagt hätte, wenn sie sich mit Klatschsünden auskennen würde, wäre: »Das ist mir auch schon passiert! Das ist wirklich ärgerlich.« Wenn Ihnen jemand sein Leid klagt, möchte er Aufmerksamkeit und Anteilnahme – auf keinen Fall (Rat-) Schläge! Einen Klagenden schlägt man nicht!

Auch Ratschläge sind Schläge

Warum sind Ratschläge nicht gut? Weil sie zwar objektiv gut sein mögen, subjektiv aber ganz schlecht ankommen. Ein Ratschlagender stellt sich mit seinem Rat automatisch und ohne es zu wollen oder verhindern zu können eine Stufe über den Gesprächspartner. Und keiner mag es, wenn er plötzlich eine Stufe tiefer gestellt wird. Das erinnert zu stark an die Schule mit ihren Oberlehrern.

Etwas anderes ist es natürlich, wenn der Klatschpartner darum bittet: »Ist dir das auch schon passiert? Was machst du denn dagegen?« Doch selbst dann empfiehlt es sich, jeden Hauch von Besserwisserei zu vermeiden und beziehungsfreundlich zu formulieren: »Ich kenne das, das ist ärgerlich (Erst mal bestätigen! Das stimmt positiv!). Seit ich (gut: Ich- statt Du-Botschaft) ein bisschen Bleichmittel dazugebe, bin ich den Grauschleier los.« Wie finden Sie diese Formulierung? Wenn Sie ein gutes Gespür haben, dann werden Sie sich fast körperlich besser dabei fühlen als beim obigen Ratschlag.

Wenn Sie auf Nachfrage einen Rat geben, dann bitte nie als Du-Botschaft. Also nicht: »Da musst du eben ein Bleichmittel nehmen.« Das klingt für jemand, der Rat sucht, nach Besserwisserei, nach Kommando. Und wer Probleme hat, hat schon genug Probleme – da braucht er nicht auch noch einen Besserwisser, der ihm seine geistige Überlegenheit unter die Nase reibt.

Ein objektiv guter Rat wird erst durch eine Ich-Botschaft auch subjektiv gut verträglich:

- »Ich habe es schon mal mit … probiert. Das half.«
- »Ich glaube, XY könnte da was helfen.«
- »Also, ich setze große Stücke auf …«

Klatsch als Beziehungskiller

Es ist übrigens ein eher männliches Sprachritual, selbst beim Klatschen noch Ratschläge unterzubringen. Deshalb nennt man solche Zeitgenossen in Amerika auch »Mister Fix-it«. Egal, worüber man spricht, er versucht sofort, ein Rezept anzubringen: »Das machst du am besten so und so!« Frauen nervt diese Fix-it-Manie kolossal: Da möchte frau sich lediglich etwas mit ihrem Liebsten über ihren stressigen Tag unterhalten – und was macht der Knilch? Er hört nicht einmal richtig zu, sondern gibt sofort Ratschläge: »Dann musst du dich eben besser organisieren! Wenn du möchtest, kann ich dir einen Organizer besorgen …«

Frau möchte Verständnis und Zuwendung und kriegt

stattdessen einen Ratschlag um die Ohren gehauen (es soll Männer geben, die den Unterschied zwischen beidem nicht kennen). Kein Wunder, dass so viele Beziehungen scheitern, wenn Paare noch nicht einmal vernünftig miteinander klatschen können! Kein Wunder, dass viele Frauen die beste Freundin dem Beziehungspartner vorziehen, wenn dieser noch nicht einmal fünf Minuten klatschen kann, ohne gleich den Zeigefinger zu heben und einen ungebetenen Rat vom Stapel zu lassen.

Paradox am Mister-Fix-it-Syndrom ist, dass die ungebetene Ratschlagerei selbst Männern mächtig auf den Geist gehen kann. Also halten Sie sich zurück. Geben Sie keine ungebetenen Ratschläge. Lassen Sie Ihr Wissen in anderer Form einfließen.

Vorsicht, Ideenklau!

Gerade weil Klatsch und Tratsch so unterhaltsam und angenehm sind, verlieren viele Menschen dabei ihre Hemmungen: Sie plaudern aus dem Nähkästchen, begackern ungelegte Eier, sinnieren über Ideen, Träume und Konzepte. Und der Kollege hört mit. Nicht nur das: Er findet die Idee so gut, dass er sie selbst übernimmt. Oft noch nicht einmal mit der Absicht des Plagiats, des geistigen Diebstahls, sondern weil er sich nicht viel dabei denkt, außer: »Gute Idee! Könnte ich auch mal probieren!«

Deshalb die dringende Empfehlung: Wenn Sie klatschen, dann niemals über Ideen, Konzepte, Visionen, Strategien, Vorhaben oder Projekte, die Sie später einmal vielleicht selbst umsetzen wollen oder die Sie momentan in Arbeit haben. Natürlich ist die Versuchung gerade bei solchen Ideen groß, sie einfach mal im Kreise der Kollegen »anzutesten«. Das ist ein Vorteil. Der Nachteil ist: Wenn ein Kollege schneller ist als Sie, machen Sie sich mit diesem Ideentest die Idee kaputt! Das kann nicht Ihre Absicht sein!

Vertrauliches bleibt vertraulich

Was Ihnen unter dem Siegel der Verschwiegenheit anvertraut wurde, sollten Sie nicht ausklatschen. Vernünftige Empfehlung? Mag sein, wenn da nicht die Versuchung wäre. Denn je vertraulicher eine Information ist, desto größer ist die Versuchung, sie auszuplaudern. Manchmal zerreißt es einen fast, das Geheimnis mit dem besten Freund, der besten Freundin zu teilen – natürlich unter dem Siegel der Verschwiegenheit, das genauso natürlich dann auch von ihm oder ihr gebrochen wird.

Das Blöde daran: Es kommt immer raus, wenn eine(r) plaudert. Früher oder später. Und dann haben Sie den Schaden. Dann stehen Sie als Geheimnisverräter da. Sie verlieren das Vertrauen Ihrer Mitmenschen. Das tut weh. Das schadet. Das ist selbst der beste Klatsch nicht wert. Behandeln Sie Vertrauliches auch vertraulich.

Sollte einmal die Versuchung gar zu groß sein, verschlüsseln Sie das Vertrauliche wenigstens. Sagen Sie also beispielsweise nicht: »Direktor Meier hat mir anvertraut, dass Frau Klein schon zwei Abmahnungen in der Personalakte hat!« Wenn es denn mit aller Macht aus Ihnen raus will, sagen Sie lieber verschlüsselt: »Direktor Meier meint, dass er Frau Klein disziplinarisch für einen Problemfall hält.« Als Klatsch funktioniert das genauso gut, ruiniert aber nicht Ihren guten Ruf – und hetzt Ihnen vor allem nicht Kollegin

Klein auf den Hals, die über fünf Ecken mitbekommt, dass Sie der Spitzel sind, der sie verpfiffen hat! Beherzigen Sie die alte Empfehlung: Erzählen Sie nie etwas, das Sie später bereuen könnten!

Vertrauliches zurückweisen

Wenn Ihnen jemand etwas zuträgt, von dem Sie wissen oder ahnen, dass er es nur unter dem Siegel der Verschwiegenheit erfahren konnte, dann geben Sie dem lästigen Gefühl nach, das Sie tief drinnen spüren: Es ist Ihr Gewissen. Unterbrechen Sie die Plaudertasche, hören Sie nicht hin.

Denn wenn jemand Vertrauliches verrät, ist das, wie das Verb schon sagt, ein Verrat. Wer dabei mitmacht, ist ebenfalls ein Verräter. Machen Sie sich nicht selbst zum Verräter! Das ist zwar auch ein Gebot von Anstand und Moral. Es ist aber noch viel mehr eine Maßnahme der Psychohygiene und der Vorsicht. Verräter stehen in keinem guten Ruf und haben auch keinen besonders guten Schlaf. Bleiben Sie aufrecht. Sagen Sie der Plaudertasche: »Nichts für ungut, aber das möchte ich lieber nicht hören. Ich glaube nicht, dass das für meine Ohren bestimmt ist.«

Laut ist nicht lustig

Neulich saß ich in der Sauna. Nach drei Minuten wollte ich nur noch raus. Nicht wegen der Hitze. Sondern wegen zweier Damen, die zwar in der hintersten Saunaecke saßen, jedoch so laut klatschten, dass man mühelos jedes Wort verstehen konnte. So erfuhr ich Dinge, die ich lieber nicht erfahren hätte. Ich konnte mich vor lauter Lärm selbst nicht mehr denken hören und musste wohl oder übel den Ergüssen der beiden folgen, auch wenn ich liebend gerne an etwas anderes gedacht hätte.

Natürlich waren sich die beiden keines Vergehens bewusst. Weil Klatsch und Tratsch so unterhaltsam sind, denken wir dabei naturgemäß nur an uns und nicht an andere. Das geht in Ordnung – solange Sie sich das bewusst machen und sich darauf einstellen. Indem Sie zum Beispiel:

- die Bürotür zumachen, wenn Sie mit einem Kollegen oder am Telefon klatschen,
- auf gar keinen Fall in Großraumbüros am Telefon klatschen, denn da hört immer jemand unfreiwillig mit,
- die Stimme beim Klatschen senken, damit nicht jeder mithören kann,
- schnell dort hingehen, wo Sie ungestört klatschen können,
- nicht gerade auf öffentlichen Plätzen mitten in der größten Menschenmenge lauthals klatschen – wer weiß, wer dabei alles mithören muss?,
- nicht im Aufzug klatschen, wenn andere dabei sind – denn dabei können Sie nicht verhindern, dass jeder mithört,
- bei Tisch nicht mit dem Nachbarn allein klatschen – denn der ganze Tisch hört wohl oder übel mit,
- niemals über die Distanz klatschen – auf Baustellen, Firmenfluren oder in Hallen ein weit verbreiteter Sport: Man ruft sich auf zehn Meter Entfernung die neuesten Peinlichkeiten zu,
- in Restaurants, an Imbiss-Buden und in Kantinen auf jeden Fall die Stimme senken,
- bei der Zigarettenpause nicht vor oder unter offenen Fenstern klatschen: Die Leute drinnen hören mit!

Klatsch & Tratsch

Unterschätzen wir nicht den Bildungseffekt von Klatsch und Tratsch. Wie ich neulich in der Lobby eines Seminarhotels aufschnappte, war die berühmteste Blondine der Filmgeschichte eben nicht naturblond. Hätten Sie's gewusst? Marilyn Monroe war von Natur aus brünett.

Bitte nicht zu derb!

Angenehm an Klatsch und Tratsch ist, dass man dabei kein Blatt vor den Mund nehmen muss, so reden kann, wie einem der Schnabel gewachsen ist. Das ist schön.

Unschön wird's freilich dann, wenn der Schnabel gar zu schief gewachsen ist, und das meine ich nicht im kosmetischen Sinne. Wenn es nicht gerade sehr feuchtfröhlich zugeht, können Sie sicher sein, dass Klatsch immer dann schlecht ankommt, wenn er plump, derb, zotig, ordinär, allzu vertraulich, zu intim, zu problembehaftet, defätistisch, ausfällig, aggressiv, unmoralisch, rufschädigend, drastisch, sexistisch, depressiv, pornographisch, rassistisch oder unappetitlich ist. Wenn Sie in einer gemischten Runde einen Herrenwitz anbringen oder in der Ausdrucksweise fäkal werden, wenn Sie unter die Gürtellinie gehen, Kraftausdrücke verwenden, fluchen oder ehrenrührig werden, können Sie sicher sein, dass Sie damit bei vielen Anstoß erregen. Finden Sie nicht auch?

Natürlich wird jeder gut erzogene Mensch da zustimmen. Das Problem ist nur: Selbst gut erzogene Menschen lassen sich in der Hitze des Gefechts manchmal verbal hinreißen.

Und manchmal kann man sich so einen verbalen Kracher selbst mit größter Mühe nicht verkneifen, weil es einen derart juckt. Das ist nicht weiter schlimm, das passiert jedem mal. Schlimm wird's nur dann, wenn es Ihnen allzu oft passiert. Dann machen Sie sich insbesondere bei empfindlichen Naturen unbeliebt und isolieren sich zunehmend. Das kann nicht in Ihrem Interesse liegen! Also legen Sie ab und zu einen Derbheits-Check ein.

Checkliste

Weniger derb

Sie dürfen sich den vereinzelten Ausrutscher oder bewussten Griff in die Kracherkiste durchaus hin und wieder leisten. Doch:

- ○ Achten Sie darauf, dass Sie es nicht übertreiben und in den Ruf eines Verbal-Rambos geraten.
- ○ Das heißt: Hören Sie sich hin und wieder beim Reden zu. Klatschen Sie bewusst. Diese Achtsamkeit reicht meist, um nicht zu derb zu werden.
- ○ Verkneifen Sie sich im Zweifelsfall die derbsten Zoten. Bleiben Sie immer auf der sicheren Seite!
- ○ Wenn Sie nicht sicher sind, ob eine Story nicht doch zu derb ist – verzichten Sie lieber drauf!
- ○ Fragen Sie sich manchmal nach anregenden Klatschrunden: Was hab ich so alles erzählt? Wo war es ein wenig zu derb?
- ○ Achten Sie auf verbales Feedback aus Ihrem Umfeld. Hat man Ihnen schon mal gesagt, dass Sie manchmal recht drastisch, zotig… (was auch immer) sind?

- Achten Sie auf nonverbales Feedback: Verziehen Ihre Zuhörer manchmal das Gesicht oder geben andere missbilligende Signale, wenn Sie gar zu … werden?
- Wer gibt diese Signale am häufigsten? Manche Menschen sind empfindlicher als andere. Nehmen Sie auf sie Rücksicht. Man muss wissen, bei wem man derb werden darf und bei wem nicht.
- Reservieren Sie die derbsten Storys ausschließlich für jene Klatschpartner, von denen Sie wissen, dass sie's derb mögen.

Wenn es Ihnen zu drastisch wird

Drehen wir den Spieß um: Wenn Sie sich mit jemandem unterhalten, der Ihnen gar zu plastisch wird, dann geben Sie ruhig nonverbales Feedback: Verziehen Sie das Gesicht. Kriegt der andere das Signal nicht mit, ist das nicht rücksichtslos, sondern heutzutage fast schon normal. Wer schaut den Menschen schon ins Gesicht, mit denen er redet? Wiederholen Sie das nonverbale Signal. Das ist nicht unhöflich. Im Gegenteil: Wenn Sie dem Gesprächspartner *keinen* Wink mit dem Zaunpfahl geben und ihn stattdessen ins offene Messer Ihrer stillen Missbilligung laufen lassen würden, wäre das sehr unhöflich und respektlos.

Wenn Ihr Gesprächspartner nach einem nonverbalen Wink mit dem Zaunpfahl noch nicht reagiert, geben Sie verbales Feedback. Bitte nicht ebenso derb wie der Angesprochene: »Musst du so ordinär sein?« Solche beziehungsschädlichen, wertenden und pauschalen Sprüche kommen nicht gut an, weil sie persönlich verletzend und schwer verständlich sind (was versteht der andere unter ordinär?). Reden Sie immer offen und vor allem konkret, aber höflich. Sehr höflich sind zum Beispiel Ich-Botschaften: »Ich zucke jedesmal zusammen, wenn du das F-Wort sagst. Geht es denn nicht auch ohne?«

Keine Krankenblätter, bitte!

Ein heikles Thema sind Krankheiten. Ab einem bestimmten Alter klatschen manche Menschen scheinbar über nichts anderes. Über ihre eigenen und die von anderen Menschen. »Hast du schon gehört? Dem Meier haben Sie die halbe Galle rausgenommen!« Wie unappetitlich! Finden Sie nicht? Dann kann man mit Ihnen über OP-Berichte klatschen. Das ist der springende Punkt: Mancher kann, mancher nicht.

Natürlich steht man unter Leidensdruck, wenn man krank ist. Und wer unter Druck steht, möchte sich erleichtern. Zum Beispiel, indem er klatscht. Leider löst man damit recht schnell eine Fluchtbewegung bei seinen Mitmenschen aus, wenn man sich die Falschen dafür aussucht:

- Fallen Sie nicht mit der Tür und einem 20-minütigen, detailgenauen OP-Bericht ins Haus. Das muss geradezu abschrecken!
- Fangen Sie behutsam an, testweise. Steigt der andere auf das Thema ein, können Sie weitermachen.
- Erwidern Sie danach auf jeden Fall die Höflichkeit und lassen Sie auch ihn seine Krankengeschichte loswerden.
- Verzieht der andere das Gesicht, wechseln Sie das Thema. Man kann eben nicht über alles mit jedem klatschen.

Über Krankheiten klatschen

Krankheiten sind beim Klatsch nicht generell tabu. Das ließe sich auch keine(r) verbieten. Es gilt vielmehr: Wenn es nicht zu sehr ins Detail geht und wenn die Larmoyanz nicht allzu sehr belastet, kann man über jedes Wehwehchen reden. Also nicht so:

»Hallo, Peter!«

»Hallo, Michael, na, wie geht's?«

»Überhaupt nicht gut, ich habe seit einigen Tagen so einen eitrigen Ausfluss…«

Damit schlägt man sogar gestandene Internisten in die Flucht. Und wenn der Klatschpartner (innerlich) flüchtet, kriegt man von ihm nicht, was man erwartet: ein offenes Ohr, Verständnis, Anteilnahme. Sinnigerweise bekommt man mehr Anteil- und Rücksichtnahme, wenn man die Leute nicht zu Tode erschreckt und etwas weniger graphisch klatscht:

»Hallo, Peter!«

»Hallo, Michael, na, wie geht's?«

»Grad nicht so doll. Ich laboriere an einer Nierengeschichte herum. Ich kann dir sagen, da macht man was mit.«

»Kenne ich, hatte ich letzten Winter auch. Was verschreibt der Arzt dir denn?«

»Keimax, die große Packung.«

»Das wirkt wenigstens. Damit bist du die Geschichte ruckzuck los.«

Sich ein wenig zurückzunehmen und ein bisschen Anteilnahme dafür zu bekommen ist besser, als in wüsten Details zu schildern und den Gesprächspartner in die Flucht zu schlagen.

Die Angst vor Doubletten

Einige Menschen plagt beim Klatschen eine nagende Furcht: »Ich habe Angst, dass ich dieselbe Geschichte derselben Person zweimal erzähle.« Gerade beim Klatschen ist diese Furcht berechtigt: Man hat eben seine Lieblingsgeschichten, die man bei möglichst vielen Menschen an den Mann bringen möchte. Besonders peinlich wirkt eine Doublette bei Witzen.

Die populäre Empfehlung dazu lautet: »Dann merk dir halt, was du wem erzählst!« Eine blödsinnige Empfehlung, die nur dann funktioniert, wenn man ein Gedächtnis wie ein Elefant hat. Und wer hat das schon? Viel einfacher und vor allem zuverlässiger ist das Nachfragen: »Übrigens, habe ich euch schon vom neuesten Flop unserer Vertriebsabteilung erzählt?«, »Habe ich euch den mit den beiden Ärzten in der Kneipe schon erzählt?« Wenn die Angesprochenen bejahen, sagen Sie elegant: »Der ist gut, nicht?« Damit ist die Sache ohne jede Peinlichkeit erledigt und man plaudert munter weiter. Verneinen die Gefragten, lassen Sie Ihre aktuelle Lieblingsgeschichte vom Stapel.

Kein Zwang zur Langeweile

Wenn Sie Ihrerseits Menschen begegnen, die Sie ohne nachzufragen mit einer Wiederholung langweilen, dann müssen Sie das nicht klaglos über sich ergehen lassen. Manche erdulden das zwar aus purer Höflichkeit und lachen dann auch noch angestrengt über den Witz, den sie nun schon zum dritten Mal hören. Andere wiederum werden patzig: »Olle Kamelle! Hast du uns schon letzte Woche erzählt!« Wie unhöflich! Es geht auch anders, nämlich motivorientiert.

Der andere erzählt, weil er ankommen möchte (sein Motiv), also tut man ihm den Gefallen, unterbricht und bestätigt ihn in seinem Motiv: »Ja, fantastische Geschichte, davon hast du uns letzte Woche erzählt. Gibt's seither was Neues?« Oder: »Den kenne ich, da habe ich schon beim letzten

Meeting drüber lachen können, als du ihn erzählt hast.« Das schafft eine Win-Win-Situation: Der Wiederholer wahrt sein Gesicht und Sie müssen sich nicht langweilen (lassen).

Reingefallen!

Klatsch hat eine äußerst paradoxe Wirkung: Obwohl Klatsch im Grunde nichts weiter ist als unbewiesenes Gerede, nehmen ihn die meisten Menschen ganz unbewusst ungeheuer ernst: »Hast du schon gehört? Der Müller geht in aller Öffentlichkeit fremd!« Das Gerücht macht die Runde, obwohl die Dame, mit der Herr Müller in herzlicher Umarmung am Bahnhof gesehen wurde, seine entfernt wohnende Schwester ist, die er lediglich herzlich begrüßte. Aber das stört gewisse Klatschmäuler nicht.

Geradezu verheerende Folgen hat der Klatsch auf die Wirtschaft. Während der Entlassungswellen der letzten fünf Jahre waren komplette Abteilungen in vielen Unternehmen wochenlang lahmgelegt, was insbesondere den Kunden auffiel: Man kriegte keinen Mitarbeiter mehr ans Telefon – und wenn, dann hatte er andere Sorgen, nämlich: »Ist auch mein Job gefährdet?« Die Gerüchte legten selbst solche Abteilungen lahm, die niemals in der Streichplanung auftauchten. Die Manager und Mitarbeiter verließen sich einfach blind auf den Flurfunk.

Klatsch ist wirklich eine angenehme Erfindung: Aber nehmen Sie ihn bloß nicht wörtlich! Dass man das nicht tun soll, weiß wahrscheinlich jeder von uns, doch in der Hitze des Gefechts vergessen wir das oft. Unter Stress orientieren wir uns nicht am Wahrheitsgehalt eines Gerüchts, sondern an dessen Bedrohlichkeit: »Hast du schon gehört? Der Vorstand will unser komplettes Werk schließen!« Je interessanter, frivoler, gefährlicher oder verbotener ein Gerücht ist, desto eher fallen wir darauf herein.

Schützen Sie sich davor. Zum Beispiel mit dem Zwei-Quellen-Gebot, das auch Bestandteil des journalistischen Berufsethos ist.

Das Zwei-Quellen-Gebot

Glauben Sie Klatsch nur dann, wenn er von einer zweiten, unabhängigen Quelle bestätigt wird. Das Schlüsselwort ist »unabhängig«. Wenn zum Beispiel ein Klassenkamerad Ihres Kindes aufgeregt behauptet, dass Ihr Sprössling mit einem Steinwurf eine Scheibe am Schulgebäude eingeworfen hat, dann lassen Sie sich das nicht von einem zweiten Mitschüler, sondern von einem Lehrer oder dem Hausmeister bestätigen, bevor Sie dem Sprössling die Leviten lesen. Denn es ist gerade Kennzeichen von Klatsch und Tratsch, dass dabei meist haltlos übertrieben, geschönt und verdreht wird! Das geht auch völlig in Ordnung so, solange das niemand unbesehen glaubt! Klatsch dient eben der Erleichterung und Unterhaltung und nicht in erster Linie der Wahrheitsfindung.

Leider halten sich die meisten Menschen nicht ans Zwei-Quellen-Gebot. Wie ein genervter Manager eines Industriebetriebs berichtet: »Ich habe nichts gegen Klatsch. Ich klatsche selbst gerne. Doch wenn Mitarbeiter zu mir ins Büro gestürmt kommen und sich bitterböse über irgendeine angebliche Riesensauerei beklagen, dann steckt in neun von zehn Fällen eben keine Sauerei dahinter, sondern bloß ein übles Gerücht. Warum sind die Leute derart leichtgläubig?« Weil sie das Zwei-Quellen-Gebot nicht kennen.

Klatsch & Tratsch

Neulich erzählte mir ein empörter Bankberater, dass ein Kunde ihm vorgeworfen habe: »Wenn ich meine Verluste am Neuen Markt betrachte, die mich der Rat Ihrer Börsenprofis gekostet hat, dann könnte ich genauso gut einen Affen mein Depot verwalten lassen!« Was der Berater nicht wusste: Seine Empörung war unberechtigt. Die schwedische Zeitung »Expressen« stellte vor Jahren in einem Aufsehen erregenden Börsenspiel fünf landesweit bekannten Börsenexperten und dem Schimpansen Ola je 10 000 Kronen für Aktienspekulationen zur Verfügung. Am Ende des Experiments lag der Affe mit seinem Börsengewinn um Lichtjahre vor den Experten. War er so klug? Nein, er hatte einfach mit Dartpfeilen auf den Kurszettel geworfen.

Keine Manipulation!

Eben weil Klatsch so schnell und leicht geglaubt wird, ist er ein Manipulationsmittel, dessen Gefährlichkeit auch heute noch unterschätzt wird. Wer sich ein wenig auskennt, braucht lediglich ein pseudo-glaubhaftes Gerücht an zwei, drei verschiedenen Stellen zu streuen, um damit ein Unternehmen, einen Stadtteil, die eigene Familie oder seinen Verein in hellen Aufruhr zu versetzen.

Es gibt Verkäufer, die damit Kunden »weichkochen«. Verhandler, die auf diese Weise den Verhandlungspartner über den Tisch ziehen. Chefs, die damit Gewerkschaft und Belegschaft mürbe machen. Journalisten, die damit Politiker aus dem Amt ekeln. Die Manipulation funktioniert mit erschreckend hohem Wirkungsgrad! Wie das Sprichwort schon sagt: »Irgendwas bleibt immer hängen!« Neulich brachte ein bei der Beförderung übergangener Regionalleiter das Gerücht in Umlauf, dass das neue Produkt einen bestimmten Belastungstest nicht bestanden habe. Obwohl das nicht stimmte, ließen die Hälfte der Verkäufer in den ersten Wochen die Finger von dem Produkt. Die Markteinführung dauerte viel länger als geplant und verschlang viel zu viel Geld, weil erst einmal die skeptischen Verkäufer überzeugt werden mussten! Klatsch ist auch Manipulation.

Seien Sie sehr vorsichtig mit Manipulationen, denn sie bergen eine große Gefahr. Mit etwas Spürsinn lässt sich nämlich immer der Urheber eines manipulativen Gerüchts ausmachen. Sie haben dann vielleicht zwar Ihre Rache bekommen oder empfinden Genugtuung über die gelungene Manipulation, aber es haftet Ihnen danach möglicherweise der Ruf eines üblen Manipulateurs und Gerüchtestreuers an. Mein Tipp: Bevor Sie in manipulativer Absicht ein Gerücht streuen, überlegen Sie sich, wie Sie sich fühlen werden, wenn herauskommt, *wer* es gestreut hat. Es gibt bessere Arten der Rache, als ein Gerücht in die Welt zu setzen …

Pauschalbeleidigungen

Auf einem Stehempfang lästert eine Gästegruppe kräftig über die Regierung. Einer der Lästerer sagt: »Die Rentenreform ist überfällig. Wird Zeit, dass diese verdammten Beamten auch endlich in den großen Topf einzahlen!« Einer der

Umstehenden räuspert sich: »Ich bin so ein verdammter Beamter.« Superpeinlich.

Hätte man/frau sich eigentlich denken können: Wenn sechs Leute bei einem Stehempfang beisammenstehen, dann ist vielleicht auch ein Beamter darunter. Merke: Wer über Benz-Fahrer, Weiße-Socken-Träger, Ärzte, Lehrer, Autofahrerinnen, Politessen, Sekretärinnen, technisch unbedarfte Frauen oder andere Gruppen lästert, sollte das nur tun, wenn er absolut sicher ist, dass keiner aus der belästerten Gruppe dabeisteht.

Das sollen Sie nicht nur bei Berufsgruppenbeschimpfungen, sondern generell bei allen Pauschalbeleidigungen bedenken: »Typisch Kunde, kennt den Unterschied zwischen Firewall und Virenschild nicht!« Unter Garantie: Die Hälfte Ihrer Zuhörer kennt ihn auch nicht und fühlt sich getroffen! »Wie kann man sich beim Reifenwechsel derart dämlich anstellen!« Auch das geht in die Hose, weil sich beim Reifenwechsel jeder schon mal superdämlich angestellt hat!

Bevor Sie ordentlich vom Leder ziehen, sollten Sie im Hinterkopf schnell mal kalkulieren, wer unter den Zuhörern sich davon getroffen fühlen könnte. Der beliebteste Verstoß gegen diesen Rat ist der Ausruf »Typisch Mann/Frau!«, wenn man sich über einen Nicht-Anwesenden aufregt – während mindestens ein Mann/eine Frau zuhört! Das ist gedankenlos und grob. Es gibt keinen Mann und keine Frau, die sich davon nicht getroffen fühlen würden, auch wenn sie gar nicht gemeint sind!

Um die Ecke denken

Das Ablästern über nicht anwesende Dritte zählt zwar zu den beliebtesten Klatschthemen überhaupt. Doch gerade bei diesem Thema trennt sich die Spreu vom Weizen, unterscheiden sich die Knaben von den Männern, die erfahrenen Klatschtanten von den Klatschdilettanten.

Ein Manager erzählte neulich im Klatschseminar: »Bei der Unternehmertagung am Wochenende zog ein Kollege mächtig über einen abwesenden anderen her. Wir versuchten, ihn noch zu bremsen, doch er rannte blind ins Unglück. Denn der Golfspezl des Gescholtenen stand in der Runde. Wir fragten uns alle: Ja, weiß der dumme Tropf denn nicht, dass die beiden miteinander golfen und der eine dem anderen das brühwarm weitererzählen wird?« Wusste er offensichtlich nicht.

Wer nicht weiß, wer mit wem unter einer Decke steckt, sollte sich bei jedwedem Klatsch mächtig vorsehen. Gerade das wissen Klatschanfänger jedoch nicht. Sie kennen das Beziehungsgeflecht in ihrer Umgebung nicht und verbrennen sich so ein ums andere Mal den Mund. Tun Sie's nicht: Machen Sie erst die Augen auf, bevor Sie den Mund aufmachen!

Nichts, was Sie nicht halten können!

Klatsch ist eine sehr angenehme Art der Unterhaltung. Die meisten Menschen wissen jedoch nicht, dass diese Unterhaltung eine Gefahr birgt: Gerade weil Klatsch so angenehm ist, lassen wir uns oft dabei zu Übertreibungen hinreißen. Das ist kein Problem, solange man eigene Erlebnisse in Dramatik und Unterhaltungswert übertreibt. Gefährlich wird es, wenn Sie *eigene Fähigkeiten* übertreiben.

Neulich profilierte sich ein Kollege als versierter Hausrenovierer. Eine Kollegin meinte daraufhin: »Klasse, dann kannst du bei mir ja die Küche renovieren!« Das tat er auch.

Seither reden die beiden nicht mehr miteinander. Natürlich ist auch die Kollegin schuld: Klatsch nimmt man unbesehen eben nicht ernst.

Das größere Problem hat allerdings der Großsprecher: Er macht das auch im Beruf so. Er ist der Kumpeltyp, der sich mit jedem Kunden gleich super versteht und mit ihm über Gott und die Welt klatscht – und dabei meist ganz nebenbei Versprechungen macht, die zu erfüllen selbst der Geist aus Aladins Wunderlampe Probleme hätte. Diese spezielle Klatschsünde befällt meist ganz spezielle Menschen. Neigen Sie ebenfalls dazu? Lassen auch Sie sich manchmal hinreißen? Doch Vorsicht: Versprechen Sie nicht mehr, als Sie halten können oder wollen!

Das fiele Ihnen schwer? Nicht, wenn Sie die Alternative kennen. Das Motiv hinter Mondversprechungen ist nämlich schlicht: Eindruck schinden. Und Eindruck schinden können Sie auf andere, weniger schädliche Weise viel besser: indem Sie von vergangenen Glanzleistungen erzählen, von Ihrem phantastischen Renommee bei anderen (Kunden), von Ihren hochfliegenden Plänen und Zielen, von Ihren prominenten Bekanntschaften. Sie dürfen bei Klatsch und Tratsch alles machen – nur keine Versprechungen, die Sie nicht halten können! Voreilige Versprechungen sind unangenehm, machen viel Stress und Arbeit und ruinieren unheimlich schnell den guten Ruf.

Die üblichen Höflichkeiten

Es versteht sich von selbst, dass man auch beim Tratschen höflich bleibt, also dem andern nicht (zu oft) ins Wort fällt, ihn nicht unterbricht, korrigiert oder von der eigenen Meinung überzeugen möchte. Man macht sich nicht ernsthaft über ihn lustig oder bezweifelt seine Storys, auch wenn sie den Rahmen des Glaubhaften strapazieren. Bei Klatsch und Tratsch legt man Worte nicht auf die Goldwaage! Man bricht nicht in seine Distanzzone ein, rückt ihm also nicht zu sehr auf die Pelle, fasst ihn nicht an und gewöhnt sich eine nasse Aussprache ab, so man denn eine hat.

Ist ja wohl alles selbstverständlich? Eben leider nicht. Bei Klatsch und Tratsch glauben viele, dass die Gesetze der Höflichkeit außer Kraft gesetzt seien. Sie flegeln rum, als ob Knigge nie gelebt hätte. Tun Sie's nicht. Benehmen Sie sich. Wer sich benehmen kann, wird als sympathisch, glaub- und vertrauenswürdig wahrgenommen. Benimmfehler schaden in erster Linie immer dem Fehlenden: Wer unhöflich klatscht, mit dem klatscht bald keiner mehr.

Klatschtipp für Fortgeschrittene

Wir erleben täglich, wie befreiend das klatschende Ablästern über andere wirkt – über böse Chefs, lästige Kunden und unkollegiale Kollegen (siehe auch Kapitel 1, Seite 21). Wenn Sie Spitzenverkäufer, Kommunikationsgenies, Verhandlungsprofis, langjährig Verheiratete oder extrem sozialkompetente Zeitgenossen beobachten, werden Sie feststellen: Sie nehmen diese Ventilfunktion von Klatsch und Tratsch erstaunlicherweise selten bis nie in Anspruch.

Die Champions unter ihnen würden nie über einen schwierigen Kunden, einen hartleibigen Verhandlungspartner, den momentan etwas zickigen Beziehungspartner oder einen wenig kompetenten Vorgesetzten lästern. Wenigstens nicht bösartig, aggressiv oder zynisch. Wenn überhaupt, dann klatschen sie mit leichter, aber wohlwollender Ironie, einem Augenzwinkern, einem heiteren Verständnis. Ein Beispiel:

Mitarbeiter A lästert: »Unser Chef, diese dumme Nuss, hat meinen Budgetentwurf rundheraus abgelehnt!«

Mitarbeiter B lästert: »Dem Chef war mein Budgetvorschlag mal wieder nicht detailliert genug. Er will's halt immer ganz genau wissen!«

Beide Mitarbeiter klatschen. Der eine jedoch macht seinen Chef zur Sau. Der andere lästert augenzwinkernd. Der eine Mitarbeiter fühlt sich nach der Lästerei befreit, doch danach hat er ein Problem: Von jeder Lästerei bleibt etwas hängen – am Lästerer! Wen man gestern noch madig gemacht hat, dem kann man heute nicht unvoreingenommen in die Augen schauen. Je öfter man beispielsweise über den Chef lästert, desto befangener wird man im Umgang mit ihm. Man tritt ihm beim nächsten Mal schon mit Vorbehalten entgegen, was den Chef natürlich unbewusst noch stärker gegen den Lästerer aufbringt – und schon begeht der Chef wieder eine Grobheit, über die der Lästerer dann trefflich lästern kann: »Der Mistkerl hat mich auf dem Kieker! Warum macht der mich dauernd so an?« Tja, warum wohl? Weil Klatsch auch eine sich selbst erfüllende Prophezeiung ist.

Klatsch als Selffulfilling Prophecy

Klatsch wirkt bei häufigem oder besonders intensivem Gebrauch als Selffulfilling Prophecy: Lästert man nur oft oder intensiv genug über etwas oder jemand, provoziert man damit ein vermehrtes Auftreten dessen, worüber man lästert. Oder wie der passende Bürospruch dazu lautet: Man muss jemanden nur lange genug wie einen Idioten behandeln, dann verhält er sich auch so. Man könnte auch sagen: Sie bekommen immer das, worüber Sie (intensiv) klatschen. Auf diese Weise reden beispielsweise Börsianer Hausse oder Baisse herbei, denn Aktienkurse sind zu 90 Prozent psychologisch bedingt. Und Klatsch manipuliert die Psyche perfekt.

Es befreit zwar ungemein, hin und wieder über jemanden zu lästern. Doch bedenken Sie: Wenn das zur Gewohnheit wird, können Sie dem anderen nicht mehr offen ins Gesicht schauen. Die Kommunikation mit ihm und die Beziehung zu ihm wird belastet. Deshalb verzichten Spitzenverkäufer und Spitzenverhandler völlig aufs Lästern über Kunden und Verhandlungspartner. Jeder Vollprofi weiß: Das Lästern beschädigt die eigene Sozialkompetenz! Und eine beschädigte Sozialkompetenz ist das Letzte, was man braucht, wenn man schon einen schwierigen Chef, Kunden oder Verhandlungspartner, Ehepartner, Elternteil, Schwager … hat. Oder wie eine Coachee es mal ausdrückte: »Einmal über jemanden lästern befreit. Zweimal belustigt. Dreimal macht alles nur noch schwieriger.«

Befreien Sie sich lästernd von zwischenmenschlichem Stress – aber hören Sie so zeitig damit auf, dass Sie sich nicht ungewollt noch mehr Stress einhandeln!

So viele Fehler!

Sie sind noch da? Wie geht's Ihnen so? Gut? Prima. Nicht so gut? Warum? Sie fühlen sich nach einem Kapitel voller Klatschsünden etwas schwach? »So viele Fehler, die man beim Klatschen machen kann – ich traue mich kaum noch, den Mund aufzumachen!« Keine Bange, es wird nichts so heiß gegessen, wie es gekocht wird.

Alle Menschen machen Fehler beim Tratschen, es besteht also kein Grund zur Beunruhigung. Fehler sind auch meist akut nicht schlimm, sondern lediglich auf Dauer: Wenn einer einem jahrelang ständig beim Klatschen ins Wort fällt, dann ist irgendwann die beste Beziehung futsch.

Die klügste und einfachste Strategie lautet daher: Klatschfehler kurzfristig durchaus tolerieren und dafür langfristig ausräumen. Das heißt: Klatschsünden nicht von heute auf morgen und schon gleich gar nicht alle auf einmal abstellen. Machen Sie einen Schritt nach dem anderen. Kritzeln Sie zum Beispiel einfach die drei Ihrer bis dato erkannten größten Klatschsünden in den Buchrand und nehmen Sie sich die kleinste davon vor: Achten Sie in den kommenden Tagen einfach mal darauf. Das reicht schon meist völlig aus, um einen Entwicklungsprozess der Bewusstseins- und Verhaltensveränderung in Gang zu setzen, an dessen baldigem Ende die Klatschsünde dann beseitigt oder zumindest wesentlich reduziert ist. Dann gehen Sie zur nächsten Sünde über. Sie sehen also: Alles kein Hexenwerk, einfach immer schön eines nach dem andern. Selbst der kleinste Schritt ist besser, als jahrelang munter weiter zu sündigen und sich vor anderen zum Affen zu machen.

Niemand trägt bei der Abteilungsfete so viel zur Unterhaltung bei wie die Kollegen, die gar nicht dabei sind.
Alte Büroweisheit

4 Was erzählt man sich denn so?

Frauenklatsch, Männerklatsch

In diesem Kapitel hören wir mal genauer hin, worüber denn normalerweise so geklatscht wird. Da Klatsch und Tratsch eine relativ belanglose Gesprächsform ist, müsste der Inhalt von Klatschgesprächen eigentlich egal sein. Ist er aber nicht. Im Gegenteil. Der Inhalt ist umso interessanter, je offener diese Gespräche für gewöhnlich geführt werden. Vor allem sind die Inhalte kontroverser, als man auf den ersten Blick annehmen würde.

Beginnen wir mit einem drastischen Unterschied: Männer sind anders als Frauen. Das ist wohl jedem klar. Was dagegen den meisten unklar ist: Männer klatschen auch anders als Frauen. Frauen können ein Lied davon singen, wenn sie während eines gemeinsamen Abends klagen: »Könnt ihr mal über was anderes als immer nur über Fußball reden?« Männer revanchieren sich, wenn sie frotzeln: »Aber bitte nicht schon wieder über Ayurveda, Pilates, Yoga und Feng Shui!« Frauen und Männer haben recht unterschiedliche Lieblingsklatschthemen – nur macht sich das keines der beiden Geschlechter normalerweise bewusst:

Frauen klatschen am liebsten und häufigsten über Beziehungen, Befindlichkeiten, Familie, Kinder, Kolleginnen und Kollegen, Freundinnen und Rivalinnen, Figur, Gewicht, Gesundheit, Fitnessprogramme, Alltagspsychologie, Ernährung, Diäten, Kosmetik, Kleidung, Mode, Einrichtungsfragen, Erziehungsfragen, Prominente, die Schwächen anderer Frauen, Männer.

Männer klatschen am liebsten über Arbeit, Beruf, Business, Karriere, Geld, Politik, Autos, Fußball, Formel 1, Werkzeuge, Technik, Frauen, Fehler von anderen, Inkompetenzen von Vorgesetzten, eigene Ruhmestaten, sportliche Leistungen, Jägerlatein, amouröse Abenteuer.

Klatsch & Tratsch

»Worüber Männer klatschen«, begann sie, indem sie ihn wieder aufmerksam anschaute, »ist: Sex, Arbeit – auch in umgekehrter Reihenfolge, je nach Alter des Mannes – also Sex, Arbeit, Essen, Sport und zuletzt, zähneknirschend, Beziehungen.« Roy wollte etwas sagen, doch sie unterbrach ihn und fuhr fort: »Und darüber klatschen Frauen: Beziehungen, Beziehungen, Beziehungen, Arbeit, Sex, Einkaufen, Gewicht, Ernährung.«

Aus Carrie Fisher: Surrender the Pink

Anstatt dass wir nun diese geschlechtsspezifischen thematischen Unterschiede akzeptieren und tolerieren würden, regen wir uns drüber auf – weil wir sie nicht bewusst wahrnehmen. Männer finden Frauenklatschthemen tendenziell kindisch bis absurd, Frauen finden Männerklatschthemen primitiv bis geistlos. Es liegt auf der Hand, dass dieses gegenseitige Unverständnis dem zwischengeschlechtlichen Klatsch nicht gerade zuträglich ist.

Männer sind anders als Frauen

Eine bekannte Tatsache? Nicht wenn es um Klatsch und Tratsch geht! Da vergessen wir den kleinen Unterschied in der Regel, weshalb es ständig zu diesen bekannten und viel diskutierten Irritationen zwischen den Geschlechtern kommt. »Geschlechterkampf« ist das Modewort dafür. Männer beschweren sich oft:

- »Können wir mal über etwas anderes reden als über Yoga und Aromatherapie?«
- »Wen interessiert schon, dass Rimmel einen neuen Lippenstift im Angebot hat?«
- »Wieso passt ein beiger Schal denn nicht zu einem blauen Kostüm?«
- »Bachblüten – was für ein Unfug!«
- »Mit den Mädels im Team kann man nicht vernünftig reden, die quatschen die ganze Zeit über Beziehungen!«
- »Was die Frauen da reden hat doch weder Hand noch Fuß!«
- »Die regen sich über die kleinsten Banalitäten immer so auf!«

Frauen ihrerseits beschweren sich über die Klatschthemen der Männer:

- »Typisch Männer, nur Fußball im Kopf.«
- »Ich weiß nicht, was daran so toll sein soll, wenn 20 er-

wachsene Männer zwei Stunden lang im Kreis herumfahren.«
- »Muss es denn immer um Thema Nummer 1 gehen?«
- »Mit den Kerls kann man kein vernünftiges Wort reden, die reden nur über Sport und Oberweiten!«
- »Wie kann man nur so distanziert und kühl über solche heißen Themen reden?«

Diese Irritationen stören das Gesprächsklima oft bis zur Beziehungsbeschädigung oder völligen Gesprächsvermeidung. Sie haben ihren Ursprung in der Tatsache, dass wir im Gespräch leider zu oft vergessen, dass Männer eben gerne über andere Themen klatschen als Frauen. Der kleine Unterschied wird nicht bewusst wahrgenommen. Wenn ich ihn zum Beispiel Männern gelegentlich bewusst mache, fallen die meisten aus allen Wolken: »Wie? Sie meinen, Frauen reden wirklich gerne über unterschiedliche Farbschattierungen von Lippenstiften? Jetzt ohne Witz? Verstehe ich nicht!« Frauen geht es umgekehrt mit typischen Männerthemen natürlich ebenso: »Die haben echt Spaß dabei, stundenlang über Fußball zu reden? Ich dachte immer, die machen das nur, um uns zu ärgern!«

Wie wär's mit etwas Toleranz?

Wir könnten angesichts des Klatsch-Geschlechterzwists natürlich die Klatsch-Geschlechtertrennung ausrufen: Frauen klatschen nur noch mit Frauen, Männer nur mit Männern. Wenn Sie die Klatschzirkel in Ihrer privaten und in der Arbeitsumgebung betrachten, werden Sie verblüfft feststellen, dass in unserer modernen, gleichberechtigten Welt sich viele

Menschen tatsächlich an diese Trennung halten: Stammtische sind meist männlich, Kaffeekränzchen exklusiv weiblich besetzt. Einmal in der Woche geht er zum Kicken, sie zu Aerobic, und danach wird mit den Jungs und Mädels noch ein Glas getrunken und geklatscht – selbstverständlich nach Geschlechtern getrennt. Diese Trennung kommt nicht von ungefähr: Ist ein Mann bei der Mädelsrunde, läuft das Gespräch eben nicht mehr so rund, bestimmte Themen werden gar nicht mehr angeschnitten. Bei einer Frau in der Männerrunde ist das ebenso.

Leider lässt sich diese Geschlechtertrennung nicht immer durchhalten. Irgendwann ist der Mann oder die Frau in einer gemischten Gruppe unterwegs (in Projekten, auf Messen ...) – und da möchte der Mann und die Frau dann nicht allein deshalb aufs geliebte Klatschen verzichten, weil die Gruppe gemischt ist.

Außerdem gibt es einen Kontext, in dem sich die Geschlechtertrennung nun leider überhaupt nicht durchhalten lässt: in der Beziehung. Natürlich gibt es viele Paare, die sich damit abgefunden haben, dass man in einer Ehe oder Beziehung nicht richtig miteinander klatschen kann, weil der Partner keine Ahnung von Mode und die Frau keine Ahnung von Fußball hat. Doch für immer mehr Menschen ist dieser Zustand ein echter Abstrich an Lebensqualität, der nicht mehr toleriert wird. Also was tun? Wie schaffen Sie es, auch in gemischten Gruppen zu klatschen?

Ideal wäre, wenn Sie sich des klatschthematischen kleinen Unterschieds in gemischten Gruppen permanent bewusst wären und ganz einfach Verständnis für »fremde« Themen zeigen könnten. Wenn Sie Verständnis selbst für die (aus

Ihrer Sicht) verrücktesten Klatschthemen aufbringen könnten. Das ist gut fürs Gespräch und für Ihre Beziehung zum Gesprächspartner. Aber manchmal kann ein Mann einfach nicht verstehen, weshalb die Frau stundenlang über Kleider redet, ohne im Kleiderladen zu stehen. Und eine Frau kann oft partout nicht verstehen, wieso es einen Unterschied macht, ob Schalke nun schon seit 385 oder 389 Spielminuten ohne Auswärtstor ist. Für manche Themen bringt man eben beim besten Willen kein Verständnis auf.

Ist das der Fall, dann versuchen Sie es ersatzweise mit Toleranz. Toleranz ist sozusagen die kleine Schwester von Verständnis. Wenn's zu Verständnis nicht langt – zu Toleranz reicht es meist. Wenn Sie einen Klatschpartner nicht verstehen, dann geben Sie sich etwas Mühe, ihn und sein Thema wenigstens wohlwollend zu tolerieren. Ja, das macht etwas Mühe wie jede Tugend. Toleranz kommt nicht von alleine und fällt auch nicht immer leicht. Sie ist auch keine angeborene Tugend, wie Romantiker gerne meinen, sondern eine bewusste, aktive Wahlentscheidung. Sie hätten nicht gedacht, dass man für so profane Dinge wie Klatsch und Tratsch so hehre Tugenden wie Toleranz braucht? Das kommt daher, dass Kommunikation, egal, wie unverbindlich sie ist, niemals trivial ist und immer von einer gewissen Wertorientierung profitiert. Oder platt formuliert: Kommunikation ist auch Charaktersache.

Leider praktizieren die meisten im Alltag das Gegenteil von Toleranz, wie Sie selbst feststellen können, wenn Sie Menschen beim Klatschen zuhören:

- »Ich weiß nicht, was du daran toll findest! Ist doch ein Auto wie jedes andere auch!«

- »Ist doch völlig egal, mit wem Rudi Müller gerade ein Verhältnis hat. Wer ist überhaupt Rudi Müller?«

Solche Erwiderungen zeigen eklatante Intoleranz. Und Intoleranz ist ein echter Klatsch- und Beziehungskiller. Mit Unverständnis, Ironie, Zynik, Sarkasmus, spitzen Kommentaren, Abwiegeln oder Grobheiten beschädigen Sie das Gespräch und die Beziehung – weil Intoleranz den Gesprächspartner abwertet. Solche intoleranten Bemerkungen rutschen einem manchmal so raus – doch danach sollten Sie sich mit Anlauf auf die Zunge beißen. Damit Sie es beim nächsten Mal bleiben lassen. Wenn Sie den Partner im Gespräch intolerant abwerten, klatscht bald keiner mehr mit Ihnen.

Klatschen ohne Ahnung

Toleranz gegenüber exotischen oder unverständlichen Klatschthemen ist eine schöne Sache – theoretisch. Mit der praktischen Umsetzung haben die meisten Menschen jedoch ein Problem. Männer sagen zum Beispiel oft: »Was soll ich denn machen, wenn die von Mode anfangen? Von Mode habe ich doch keine Ahnung!« Frauen befürchten: »Wenn ich beim Kite-Surfen mitreden will, blamiere ich mich doch!« Sie haben sich auch schon gefragt, wie Sie sich am besten verhalten, wenn der Klatschpartner ein Thema auftischt, von dem Sie nicht die blasseste Ahnung haben?

Wer sagt denn, dass Sie Ahnung haben müssen? Das ist doch gerade das Schöne daran, dass Sie keinerlei Ahnung von einem Gesprächsthema haben müssen, um mitzureden – in dieser Hinsicht unterscheidet sich Klatsch nicht von Politik. Beim Klatsch gilt nämlich stärker noch als in der »normalen« Kommunikation: Zuhören ist wichtiger als Mitreden. Die einfachste, angenehmste und nebenbei wirkungsvollste Lösung bei fremden Klatschthemen ist immer noch: Hören Sie einfach *aktiv* zu. Wenn nämlich ein Kerl total begeistert von seinen unglaublichen Abenteuern beim Kite-Surfen erzählt, dann ist das Schönste, was er sich wünscht, eine Zuhörerin, die zuhört, und zwar aktiv, also mit vielen Bemerkungen wie: »Fünf Meter hohe Wellen? Unglaublich!« Und das können Sie, auch ohne zu wissen, was zum Kuckuck Kite-Surfen denn nun genau ist.

Niemand erwartet von Ihnen, dass Sie für ein Klatschthema Experte sind. Aber jeder erwartet, dass Sie zuhören und Interesse, wenn nicht Verständnis zeigen. Das ist schließlich der Sinn von Klatsch und Tratsch! Für Klatsch und Tratsch ist es nicht nötig, dass Sie sich in einem bestimmten Gesprächsthema auskennen. Im Gegenteil. Mit einem interessierten Laien klatscht jeder Gesprächspartner viel lieber!

Eine Frage des Stils

Männer klatschen nicht nur über andere Inhalte als Frauen, auch der Klatschstil der Geschlechter unterscheidet sich. Etwas überspitzt formuliert:

- Frauen reden, um zu reden.
- Männer reden, um zu handeln.

Frauen klatschen um der Kommunikation willen, als Beziehungspflege, Unterhaltung, um eine peinliche Stille zu überspielen, um sich gegenseitig zu bestätigen. Deshalb kaufen Männer nicht gerne zusammen mit Frauen ein: Männer kaufen ein, um einzukaufen. Frauen kaufen ein, um zu klatschen, etwas gemeinsam zu unternehmen, sich zu unterhalten. Die Sozialpsychologie sagt, dass Frauen sich seit Jahrtausenden zirkulär organisieren: Familie, Clan, Dorfgemeinschaft – alle auf einer Ebene. Deshalb dient der Klatsch auch dieser zirkulären Gemeinschaftspflege.

Männer klatschen, um imaginäre oder reale Probleme zu lösen, sich gegenseitig zu übertrumpfen, sich als Rechthaber aufzuspielen, anderen Fehler nachzuweisen, sich zu profilieren. Soziologisch betrachtet organisieren sich Männer seit Jahrtausenden hierarchisch: Ich Ober, du Unter! Daher dient der Klatsch auch dieser Hierarchiepflege: Die eigene Position festigen, ausbauen oder verbessern, die Unteren unten halten, die Oberen vom Thron stürzen. Wer diese Zusammenhänge nicht kennt, erleidet beim Klatsch früher oder später Schiffbruch.

Kriterium	**Frauen**	**Männer**
Klatschmotive	Wunsch nach Bestätigung, Übereinstimmung, Beliebtheit, Unterstützung	Selbstbehauptung, Selbstdarstellung, Wettstreit mit anderen
Verhalten gegenüber Klatschpartnern	Gemeinschaft bilden, Solidarisierung	Abgrenzung, Unabhängigkeit bewahren
Klatschziele	Meinungsbildung, Beziehungspflege	Profilierung, Informationsgewinnung
Klatschzweck	Klatschen ist sozialer Kitt	Klatschen ist Wettstreit
Aggressionsverhalten	Klatsch baut Stress und Frust ab (Ventilfunktion)	Klatsch ist oft Mittel der Aggression

Selbstdarstellung	Neigung zum Bagatellisieren, Schlechtreden, Tiefstapeln	Neigung zur Prahlerei
Klatschstil	emotional, Anteil nehmend, erzählend	sachlich, arrogant bis aggressiv, berichtend, belehrend
Gespräch wird als erfolgreich bewertet	wenn Verständnis, Zustimmung und Beziehungsstärke wuchsen	wenn Standpunkt klargemacht oder Lösung gefunden wurde
Reaktion auf Ablehnung	»Der/die mag mich nicht!«	»Der/die ist besser als ich!«
Reaktion auf eigene Probleme	darüber klatschen, um Hilfe bitten	verschweigen (Einzelkämpfer-Mentalität)
Reaktion auf Probleme anderer	Verständnis, von ähnlichen Problemen erzählen	Ratschläge erteilen, abwiegeln (»Alles nicht so schlimm!«), gut zureden (»Das schaffst du schon!«)
Klatschumfeld	Familie, Freundeskreis	Beruf und Öffentlichkeit
Verzicht auf Klatsch in	Beruf und Öffentlichkeit	Familie, Freundeskreis
Wertung von Klatschpausen	peinliche Stille: »Der mag mich nicht!«	harmonische Stille: »Wir verstehen uns wortlos!«
Klatsch-orientierung	beziehungs- und emotionsorientiert	sach-, zweck-, lösungs- und handlungsbezogen

Der kleine Unterschied bei Klatsch und Tratsch

Schiffbruch als Stilfrage

Wer nicht erkennt, mit welch unterschiedlichen Stilen Männer und Frauen klatschen, hat Probleme, in gemischten Gruppen mitzuklatschen. Das erkennen Sie, wenn Frauen in Gesprächen klagen:

- »Müsst ihr denn immer gleich aufeinander losgehen?«
- »Das kann man doch auch weniger böse sagen!«
- »Nun sei doch nicht gleich so aggressiv!«

Da hat jemand nicht registriert, dass Männer eben kompetitiver und aggressiver klatschen – und sich dabei nicht viel denken. Frauen denken beim Klatschen mit Männern oft, dass diese sich vor ihnen produzieren wollen – und verstehen das nicht: »Was soll denn das?« Sie glauben, dass Männer viel zu oft und zu stark beim Klatschen dozieren und belehren, dafür aber für die menschliche und emotionale Seite der Dinge ein beklagenswertes Desinteresse zeigen. Umgekehrt beschweren sich Männer oft:

- »Alles Friede, Freude, Eierkuchen – mit den Kolleginnen kann man kein vernünftiges Gespräch führen!«
- »Du lässt aber auch alles mit dir machen, nicht?«

Da hat der Mann noch nicht mitgekriegt, dass Frauen eben einen anderen, kulanteren, beziehungsorientierten Klatschstil haben. Wer sich auf diese Weise über den Klatschstil anderer lustig macht, macht sich schnell unbeliebt, wirkt unsympathisch und wird ausgegrenzt. Erkennen Sie daher den (geschlechts-)spezifischen Stil eines Klatschpartners so früh wie möglich im Gespräch und tolerieren Sie ihn zumindest. Besser wäre natürlich, wenn Sie seinen Stil verstehen (die Tabelle oben hilft dabei). Wenn Sie möchten und das hinkriegen (das erfordert etwas Sprachkompetenz), steigen Sie auf den fremden Klatschstil ein. Das gelingt niemals hundertprozentig, weil ein Sprachstil immer Ergebnis eines ganzen Lebens ist. Doch Ihr Partner wird selbst minimale Bemühungen unbewusst, aber überproportional honorieren. Viele Frauen können zum Beispiel verbal auch mal kräftig zupacken, viele Männer können sich das Übertrumpfen auch mal verkneifen. Das kann man/frau gut und gerne, sofern man/frau registriert, dass ein anderer Stil im Gespräch gefragt wird.

Klatsch & Tratsch

Noch ein Anbaggertrick: Psychologen der Universität La Sapienza in Rom fanden heraus, dass Frauen beim zwanglosen Klatsch jene Männer besonders attraktiv fanden, die andere zum Lachen brachten. Es besteht geradezu eine Korrelation: Je mehr Lacher ein Mann im Gespräch verbucht, desto attraktiver wird er in Frauenaugen. Deshalb müssen Sie jetzt nicht im Internet nach frauenverträglichen Witzen googeln! Denn die Studie ergab auch: Frauen lachen besonders gerne über feine Selbstironie (zugegeben, für Männer eine etwas anspruchsvollere Übung, als Witze zu erzählen) und über sich selbst. Umgekehrt gilt: Männer finden nicht so sehr konventionell schöne Frauen attraktiv, sondern jene, die sie häufiger im Gespräch bestätigend anlächeln. Aber das weiß nun wirklich jede Frau: »Du musst über seine Witze lachen!«

Klatsch und Aggression

Frauen klatschen über böse Vorgesetzte, Kollegen oder Kunden, um sich Luft zu machen, Stress abzubauen. Das ist die berühmte Ventilfunktion von Klatsch. Frauen vergessen darüber ein Stück weit ihre Sorgen und versichern sich dabei der Solidarität der Geschlechtsgenossinnen. In Kapitel 1 haben wir diese Ventilfunktion kennengelernt. Jetzt differenzieren wir geschlechtsspezifisch: Männer verzichten weitgehend auf diese Ventilfunktion. Dem typischen Mann (so es ihn gibt) wäre das zu weinerlich, zu weicheiernd. Männer bauen ihre Aggressionen anders ab, indem sie diese zum Beispiel als Wutanfall oder Racheakt ausleben, sich in Arbeit vergraben oder ihre Wut an Unbeteiligten auslassen (Kollegen, Mitarbeiter, Sekretärin, Partnerin, Kinder, Hund, Passanten ...).

Trotzdem klatschen Männer natürlich auch negativ über andere Menschen. Jedoch zu einem anderen Zweck. Wenn Männer boshaft (also in den Augen von Frauen aggressiv) über Chefs, Kollegen oder Promis klatschen, dann nicht, um deren Übergriffe emotional abzubauen. Männer klatschen nicht über Menschen, die sie schlecht behandelt haben. Höchstens in dem Stil: »Dem Türsteher hab ich's aber gezeigt, als er mich nicht in die Bar reingelassen hat. Dem habe ich die Leviten gelesen!« Auch wenn es gerade umgekehrt war.

Nein, wenn Männer über andere boshaft lästern, dann ist das nicht aggressiv gemeint, auch wenn es sich so anhört. Männer klatschen nicht über Personen, die sie schlecht behandeln. Wenn sie über jemand boshaft klatschen, dann aus einem anderen Grund: Weil sie ihn insgeheim neidvoll bewundern. Sie können nicht so sein wie der Bewunderte, also ziehen sie ihn durch den Kakao und sind so (wieder das Konkurrenzmotiv!) wenigstens für die Dauer des Klatsches besser als der Bewunderte.

Die Sprachbarriere der Männer

Für Frauen ist Klatsch sozialer Kitt. Sie klatschen um der Beziehungspflege willen. Deshalb werten sie Gesprächspausen auch als »peinliche Stille« nach dem Motto: »Warum sagt er/sie nichts? Da stimmt doch was nicht!« Für Männer sieht das allerdings so aus, als ob Frauen um des Klatsches willen klatschen. Daher Chauvi-Sprüche wie: »Männer reden über Themen. Frauen brauchen kein Thema, um zu reden.« Was eigentlich polemisch gemeint ist, spiegelt eine tiefe Wahrheit wider: Frauen klatschen, um das Team zusammenzuhalten (um eine männliche Metapher zu bemühen).

Männer fühlen sich unheimlich unwohl dabei, Gespräche zu führen, die keinen anderen Zweck haben als das Gespräch selbst und die sich nicht um ein konkretes Thema drehen. Deshalb springen Frauen beim Klatsch oft (für Männer!) völlig unvermittelt vom einen Thema zum anderen. Denn es geht ihnen gar nicht um ein bestimmtes Thema, sondern um die Beziehungspflege – und dabei ist das Thema egal.

Deshalb tun sich Männer mit Small Talk und Klatsch auf oft schon komische Weise schwer: Sie haben echte Probleme, ohne ein konkretes, für sie wichtiges Thema in ein Gespräch einzusteigen. Deshalb finden sie leichter Kontakt zu Menschen, die dasselbe Hobby, denselben Beruf oder sonstwie eine thematische Verwandtschaft zu ihnen haben. Frauen dagegen quatschen quasi jede andere Frau im wahrsten Sinne des Wortes hemmungslos an, was auf Damentoiletten oft amüsant zu beobachten ist. Männern gelingt das auf Anhieb nur bei vorliegender Themenverwandtschaft. Dann finden sie Kontakt, dann fällt es ihnen leicht, weil sie das Gefühl haben, ein nützliches Gespräch im Sinne der Informationsgewinnung geführt zu haben. Von dieser Regel gibt es jedoch eine Ausnahme, die sogenannte Brunft-Ausnahme.

Warum Männer in Beziehungen verstummen

Die meisten Männer erweisen sich trotz Sprachbarriere (siehe oben) als außerordentlich charmante, anregende, interessante und witzige Plauderer, wenn sie – Sie erraten es? – um die Aufmerksamkeit einer Dame werben. Dann macht es ihnen plötzlich überhaupt nichts aus, ohne eine Themenverwandtschaft zu klatschen, wild die Themen zu wechseln oder einfach nur so über Gott und die Welt zu reden. Normalerweise hassen Männer Klatschgespräche ohne jeden konkreten Zweck. Doch im Brunftfall machen sie eine (für die Frau) folgenschwere Ausnahme. Sie klatschen gerne scheinbar zweckfrei – weil für sie der versteckte Zweck nicht das Gespräch, sondern der »Jagderfolg«, die erfolgreiche Eroberung der Aufmerksamkeit und Zuneigung der Angebeteten ist. Eine Paartherapeutin scherzte einmal: »Wenn mehr Frauen von dieser Brunft-Ausnahme wüssten, könnten wir die Scheidungsrate glatt halbieren!«

Denn ist die Werbungsphase einmal erfolgreich abgeschlossen, hat sich der Zweck der netten Plauderei (für den Mann!) erschöpft. Er hat sein Ziel erreicht. Er fällt wieder in sein privates Schweigen zurück und kommuniziert wirklich und wörtlich »nur noch das Nötigste«, wie viele Frauen empört beklagen. Was als Vorwurf gemeint ist, ist nichts als die nackte

Wahrheit: Männer reden nur dann, wenn das Gespräch einen Zweck und Nutzen hat. »Nur so zum Spaß« redet kein normaler Mann außerhalb der Brunft.

Was viele Frauen als echte Ohrfeige empfinden, ist jedoch, wie eine Coaching-Klientin es formulierte: »Bei mir kriegt er den Mund nicht auf. Ich bin schon froh, wenn wir jeden Tag wenigstens fünf Sätze miteinander sprechen, ohne über Kinder, Haushalt oder Besorgungen zu reden. Aber sobald seine Geschäftsfreunde zu Besuch sind, ist er wie verwandelt und sprüht nur so vor Bonmots, Anekdoten und Erzählwitz!« Das muss nun wirklich jede Frau als persönlichen Affront auffassen, als untrüglichen Beweis dafür, dass er sie nicht mehr liebt. Jede Frau zumindest, die nicht weiß, dass Männer andere Klatschregeln haben als Frauen.

Der typische Mann denkt nämlich: Wozu soll es gut sein, mit der eigenen Frau zu plaudern? Die hat mann doch schon »rumgekriegt«. Der Zweck der Kommunikation hat sich für den klar denkenden Mann schon erfüllt. Also wozu noch groß reden? Wenn die Freunde jedoch zu Besuch kommen, lautet der Zweck: zeigen, was man draufhat, den Platzhirsch geben, mit Anekdoten glänzen, sich gegenseitig übertrumpfen und höchstens noch nebenbei irritiert denken: »Warum guckt sie denn so bös? Was hab ich jetzt wohl schon wieder gesagt? Die kann einem doch selbst den unterhaltsamsten Abend mit Freunden noch vermiesen!«

Klingt ziemlich frustrierend? Allerdings. Die Wahrheit ist manchmal hart und nirgendwo ist sie härter als in Beziehungen. Das heißt jedoch nicht, dass Klatsch, Plaudereien und angenehme Unterhaltung in Beziehungen generell unmöglich sind. Den Beweis des Gegenteils treten wir umgehend an.

Klatsch & Tratsch

Es ist sinnlos und frustrierend, von Männern zu fordern, sie sollten den weiblichen Klatschstil übernehmen – und umgekehrt. Die US-Autorin Susan Page (»Jetzt mache ich uns glücklich«) meint dazu: »Männer sind weder bösartig noch dumm. Das Problem ist nicht, dass wir ihnen nicht genügend beigebracht haben, um so zu sein, wie wir sie uns wünschen. Männer sind nicht im Unrecht, sie sind einfach anders.«

Klatschen trotz Beziehung

Jetzt ohne Witz: Männer können es sich einfach nicht vorstellen, dass und vor allem *warum* Frauen es gut finden, die tausend kleinen Dinge des Alltags in allen Details vorwärts und rückwärts durchzukauen, über Gefühle und Krankheiten, Kosmetik und Körpergewicht zu reden, als sei das das Natürlichste von der Welt! Frauen wiederum regen sich über die aus diesem Unverständnis erwachsende zwangsweise Beziehungsfunkstille chronisch auf: »Du redest nie mit mir!«

Mädels und Jungs, das bringt alles nichts! Haben Sie auch schon bemerkt? Gut. Erkenntnis ist der erste Schritt zur Besserung. Und besser wird es erst, wenn Sie Ihrem Männe einfach mal einen Tipp geben – ganz im Ernst, er wusste das bisher nicht: »Hör mal, ich finde es einfach schön, über … zu reden. Ich mache das nicht, um dich zu ärgern, sondern um mich über Dinge mit dir auszutauschen, die auch mal nicht die Welt bewegen. Ich finde das angenehm.« Männer brauchen diese »Gebrauchsanweisung«, um überhaupt erst zu erkennen, dass Frauen keinen Unsinn erzählen, sondern einen Zweck mit ihrer Kommunikation verfolgen. Für Männer ist das eben neu, weil sie ganz anders kommunizieren.

Erwarten Sie bloß nicht, dass Ihr Kerl nach diesem nützlichen Hinweis mitredet wie ein Wasserfall. Denn – auch das ist kein Witz –: Was ein Mann seit seiner Geburt nie machte, kann er nicht allein deshalb, weil Sie es sich von ihm wünschen! Sagen Sie ihm das: »Ich erwarte nicht, dass du auf Anhieb mitredest. Aber wenn dir hin und wieder etwas dazu einfällt, dann einfach raus damit. Ich mag das sehr (das Motiv der Nützlichkeit motiviert ihn!).«

Sie werden es erleben: Mit der Zeit lernt der Mann, auch über (für ihn!) Belangloses mitzureden – und dabei sogar Spaß zu haben! Denn der Mann an sich ist nicht dumm. Frau muss ihm bloß eine faire Chance geben.

Falls Sie ein Mann sind

Akzeptieren Sie einfach, dass Frauen nicht sinnlos daherreden, sondern Sie lediglich nicht immer auf Anhieb den Sinn dahinter erkennen. Wenn sie so gerne über Alltäglichkeiten, Gefühle und Beziehungen redet, dann tolerieren Sie es doch probehalber mal. Sie werden sehen, wie diese Toleranz Ihre Beziehung merklich verbessert. Nach dem Tolerieren könnten Sie es dann mit Akzeptieren probieren. Die Wirkung steigt. Und wenn Ihnen Ihre Beziehung wirklich am Herzen liegt, dann entwickeln Sie im dritten Schritt ein ganz klein wenig Interesse an den Themen Ihrer Partnerin und bald schon werden Ihnen zu Themen, zu denen Ihnen noch vor Wochen nichts einfiel, eine Menge Kommentare und Bemerkungen einfallen – sofern Sie einen Tipp beherzigen: Verkneifen Sie sich Ratschläge (siehe auch Kapitel 3, Seite 94 ff.)!

Was ist mit der weiblichen Emotionalität? Sie haben recht, damit haben Männer die größten Probleme. Sie brauchen das auch gar nicht zu lernen. Verständnis tut's auch. Akzeptieren Sie einfach, dass Ihre Partnerin bestimmte Erlebnisse oder Nachrichten als traurig, großartig, beängstigend, verwerflich, frustrierend, quälend, belastend, wunderschön, herrlich, begeisternd oder beunruhigend empfindet und – *ge*stehen Sie ihr das vorbehaltlos zu! Besser noch wäre es, wenn Sie es auch *ver*stehen. Aber nicht so: »Ja, das verstehe ich!« Ein beliebter Anfängerfehler, der einer Frau deutlich sagt: »Ich verstehe dich nicht, tue aber so als ob.« Wenn Sie etwas verstehen (wollen), dann spiegeln Sie es. Hier einige Beispiele: »Der Karl ist so ein Schuft, einfach seine schwangere Freundin zu verlassen.«

- Typische Chauvi-Antwort: »Hmm, brumm«(Zeitung umblättern).
- Oder noch schlimmer: »Die alte Zicke hätte ich schon längst sitzen lassen!«
- Verständnisvolle Antwort: »Ja, das ist schon ein Ding.«
- Spitzenantwort: »Ja, unglaublich. Was hältst du denn davon?« (Sogenannter Steilpass, siehe unten) Die Partnerin wird Sie dafür lieben!

Falls Sie eine Frau sind

Falls Sie beim Beziehungspartner, aber auch bei männlichen Kollegen, Bekannten, Chefs oder Geschäftspartnern immer wieder auf den großen Schweiger stoßen, hören Sie auf damit, das persönlich (»Der mag mich nicht mehr!«) zu nehmen! Das ist es nämlich nicht! Erinnern Sie sich vor allem daran, dass sich zwar Uma Thurman in »Pulp Fiction« gegenüber John Travolta über eine »peinliche Stille« im Gespräch beschwerte, während John Travolta wie jeder anständige Mann dabei dachte: »Baby, nichts ist schöner und harmonischer, als wenn man sich so gut versteht, dass kein Wort mehr nötig ist und man einfach gemeinsam die Stille genießen kann.« Deshalb saßen die Cowboys früher auf der Veranda und tranken schweigend zusammen ihr Bier. Ein Motiv aus vielen Western. Mit Frauen gibt es dieses Motiv nicht...

Wenn Sie einen Schweiger aus der Reserve und in ein Klatschgespräch locken wollen, dann reden Sie nicht über das, worüber Sie mit Frauen reden würden (eigentlich logisch). Fragen Sie ihn lieber nach Beruf oder Hobby. Das wirkt besser. Aber bitte nicht die 08/15-Ehefrauenfrage: »Liebling, wie war dein Tag?« Wenn ein Mann daraufhin in den Hobbykeller geht, um die Axt zu suchen, können Sie ihm keinen Vorwurf machen. Diese Frage bringt Männer an den Rand des Wahnsinns, weil sie sie für unehrlich und aufgesetzt halten. Sie denken: »Wenn sie sich wirklich für meine Arbeit interessieren würde, müsste sie nicht so hohl fragen!« Daher: Hören Sie zu, wenn er über geschäftliche Angelegenheiten spricht, und nehmen Sie den Faden abends oder an einem andern Tag wieder auf, wenn Sie Lust auf einen kleinen Plausch haben: »Übrigens, wie ging die Sache mit dem ABC-Projekt weiter?« Und plötzlich redet der Schweiger! Denn Sie haben ihm eben eine Steilvorlage gegeben. Männer würden für so eine Chance zur Selbstdarstellung Geld bezahlen!

Je mehr dieser Vorlagen Sie einem Mann bereiten, desto

eher und öfter wird er im Gegenzug bereit sein, auch Ihr Faible für Personen, Zwischenmenschliches und kleine Alltagsgeheimnisse zu teilen. Denn erstens sind Männer statutenorientiert und fühlen sich deshalb generell der Fairness verpflichtet. Und zweitens ist dieses Teilen Ihres Interesses für den Mann sehr nützlich (sein tragendes Motiv in der Kommunikation!): Er sichert sich damit Ihre Aufmerksamkeit für seine Profilierungsklatschgeschichten. Sie sehen: Kommunikation in der Beziehung ist leicht und vor allem angenehm – wenn man und frau die Regeln kennt.

Weibliche Klatschlücken

Betrachten Sie nochmals die Lieblingsklatschthemen (siehe Seite 119) von Frauen, wenn Sie eine sind, oder von Männern, wenn Sie einer sind. Dann überlegen Sie, über welche Themen Sie täglich so klatschen. Sie dürfen die Themen hier ruhig auf den Buchrand schreiben (im Kopf funktionieren Aufzählungen nicht so toll). Schauen Sie die Themen an. Fällt Ihnen etwas auf?

Was auffällt, sind weniger die aufgeschriebenen Themen als jene, die fehlen: Frauen klatschen auffällig selten über Business, Karriere, eigene Erfolge und Fähigkeiten, Profilierungschancen, Lösungsansätze für Missstände. Natürlich klatschen sie auch selten über die Formel 1. Doch das Formel-1-Klatschloch hat nicht die verheerenden Folgen der anderen Klatschlücken.

Die moderne Organisationspsychologie hat herausgefunden, dass Männer weiter aufsteigen als Frauen und für denselben Job mehr Gehalt, Rückendeckung und Anerkennung bekommen als Frauen, weil sie ihr berufliches Vorwärtskommen mit allen Mitteln vorantreiben, ja sogar mit Klatsch und Tratsch! Männer klatschen tatsächlich darüber, wo es was zu holen gibt, wessen Stuhl wackelt, wer der kommende Mann ist, mit wem man sich gut stellen sollte, wer sich welchen Bock geleistet hat und deshalb in seiner Position geschwächt ist, was sie selbst so alles leisten und draufhaben. Mit diesem zweckdienlichen Klatsch rüsten und empfehlen sie sich automatisch für höhere Weihen, eine Gehaltserhöhung und die nächste Beförderung.

Weil Männer berufsorientiert klatschen, haben sie es im Beruf leichter und kommen auf der Karriereleiter weiter nach oben! Klingt ziemlich verrückt, funktioniert jedoch seit Jahrhunderten glänzend für die Männer. Die meisten Frauen wissen das noch nicht einmal! Sie wissen es nicht und sie tun es nicht. Erst jetzt beginnen vor allem Frauennetzwerke und sogenannte Luna-Partys (After-Work-Partys für Frauen) damit, dieses Defizit zu beheben, indem sie Frauen ermuntern, auch mal über was anderes zu klatschen als über Mode, Figur und Kosmetik. Das ist ein echter Umgewöhnungsprozess, der jedoch vor allem in Großstädten bereits weit fortgeschritten ist und Frauen wirklich voranbringt, weil er eine uralte Klatschlücke schließt.

Wo liegen Ihre Klatschlücken? Über welche Themen, die Ihnen nützlich sein könnten, klatschen Sie nie oder zu wenig? Mit welchem davon möchten Sie's denn mal probieren? Sie werden erstaunt sein, wie viel Positives dabei rauskommt! Solange Klatsch unbewusst abläuft, gibt es immer Klatschlücken. Wenn Sie sich Ihre unbewusste Klatschthemenwahl jedoch einmal bewusst machen, schließen Sie die Klatschlücken.

Männliche Klatschlücken

Die Klatschlücken von Männern sind offensichtlich: Familie, Beziehung, Schöngeistiges, Erholung, Gesundheit, Emotionales, Seelisches, Persönliches, Freundschaften.

Über diese Themen klatschen Männer nur ausnahmsweise. Wenig verwunderlich, dass gerade bei diesen Themen Männer große Defizite aufweisen. Sie gelten als emotionsarm, beziehungsschwach, wirken oft unpersönlich und wenig vertrauenswürdig, dafür sterben sie im Schnitt sieben Jahre früher als Frauen, weil sie ihre Gesundheit vernachlässigen. Das ist fast zwangsläufig: Worüber man nicht redet, das kann man auch nicht gut.

Wo liegen Ihre Klatschlücken? Wählen Sie zunächst eine kleine Lücke aus und unternehmen Sie kleine Schritte, um die Lücke zu schließen. Klatschen Sie einfach mal über das Thema und schauen Sie, was sich verändert. Zunächst einmal werden Sie feststellen, dass etliche andere Männer dankbar sind, wenn auch mal »heikle« Themen angesprochen werden. Zum anderen wird Sie die Resonanz Ihrer Mitmenschen freuen. Ein Abteilungsleiter eines Chemiewerkes meinte dazu: »Seit ich auch über persönliche Dinge rede, komme ich besser mit meinen Mitarbeitern zurecht. Der persönliche Draht ist eben schon nützlich.«

Nützlicher Klatsch

Natürlich dürfen und sollen Sie auch weiterhin über alles klatschen, was Ihnen in den Sinn kommt und Spaß macht. Wenn Sie clever sind und das Angenehme mit dem Nützlichen verbinden wollen, dann probieren Sie es aber auch mal mit nützlichem Klatsch.

Eben weil man mit dem täglichen Tratsch oft ungemein interessante Dinge erfährt, die man sonst nie erfahren hätte, bietet es sich an, diese tolle Informationsbeschaffungswirkung von Klatsch und Tratsch doch auch und insbesondere auf jene Themen auszuweiten:

- die Ihnen am Herzen liegen,
- die zurzeit in Ihrem Leben problematisch sind,
- die Sie beunruhigen, sorgen, ängstigen,
- die Sie beruflich, familiär, gesellschaftlich, gesundheitlich weiterbringen,
- die Ihnen Geld bringen oder sparen,
- die Ihnen neue Chancen und Möglichkeiten eröffnen,
- die Ihnen auf eine andere Weise nützlich sind.

Hört sich einleuchtend an? Trotzdem kommen die wenigsten Menschen von alleine drauf. Die meisten Menschen klatschen eben tagein, tagaus ausschließlich über ihre normalen Lieblingsthemen. Das ist schade.

Schade, wenn Sie nur das Übliche klatschen

Vielleicht ist Ihnen so etwas Ähnliches auch schon passiert:

Peter: »Meine Güte, ich hätte nicht gedacht, dass die Miete für einen popeligen Umzugsanhänger derart teuer ist!«

Klaus: »Wieso hast du den Hänger denn gemietet? Mein Schwager hat einen Kollegen, der hätte ihn dir umsonst gegeben und hätte noch beim Umzug mitgeholfen!«

»Warum hast du das denn nicht vor zwei Wochen schon gesagt?«

»Na, hör mal! Weil du nie auch nur ein Wort darüber verloren hast, dass deine Tochter jetzt schon auszieht!«

Dumm gelaufen. Peter hätte eine Menge Geld gespart, wenn er zur rechten Zeit ein wenig geklatscht hätte, *nützlich* geklatscht hätte. Verena ist da ganz das Gegenteil:

Susi: »Die neuen Kataloge machen einen derartigen Aufwand! Wir schieben alle Überstunden bis zum Abwinken!«

Verena: »Könntet ihr da nicht Unterstützung von freien Graphikern gebrauchen? Ich hätte gerade ein wenig Zeit frei.«

»Nö, du, dafür haben wir kein Budget. Aber die Nachbarabteilung fängt nächsten Monat mit der technischen Dokumentation an, die haben immer genug Geld. Frag doch mal bei denen nach!«

Verena berichtet: »Seit ich bei wirklich jedem Klatsch zwei, drei Themen einflechte, die mir gerade am Herzen liegen, geht's in meinem Leben echt voran. Ein Drittel meiner Aufträge bekomme ich mittlerweile über Klatsch und Tratsch. So bin ich auch ganz nebenbei zu einem bezahlbaren Gebrauchtwagen und zu meiner neuen Wohnung gekommen. Das einzige Problem ist wirklich, mich nicht von der alten Gewohnheit vereinnahmen zu lassen und über Gott und die Welt zu lästern, sondern tatsächlich auch ein, zwei Fragen zu meinen akuten Themen zu stellen.«

Es ist manchmal überraschend, wie einfach Erfolg sein kann. Der Haken daran: Viele trauen sich nicht oder wissen nicht, wie sie Nützliches einflechten können, ohne aufdringlich oder hilfsbedürftig zu wirken. Um diese Frage kümmern wir uns jetzt.

Nützliches einflechten

Das Problem beginnt schon damit, dass jeder Mensch Wünsche, Ziele, Aufgaben und Probleme hat – doch wenn geklatscht wird, fallen sie ihm seltsamerweise meist nicht ein. Hinterher dann schon; aber das kennen Sie ja.

Dieses Problem lösen Sie einfach und schnell, indem Sie sich Ihre derzeitigen Hot Spots, Ihre Brennpunkte, Ihre momentanen Interessen oder Problemchen vorher zurechtlegen. Am besten gleich jetzt. Stift parat? Dann machen Sie mal: Bei welchen drei Themen, Problemen, Wünschen, Aufgaben müssen, sollten oder möchten Sie momentan gerne weiterkommen?

1) ....

2) ....

3) ....

Diese kleine Gedankenstütze reicht schon, damit Ihnen die Themen beim nächsten Klatsch präsent sind. Notorisch vergessliche Menschen legen sich auch schon mal einen Spickzettel zurecht.

Wie bringen Sie das Gespräch auf diese Hot Spots? Am besten ist immer noch auf direktem Wege zum Beispiel in einer Gesprächspause:

»Ich laboriere schon seit Monaten am meinem Knie herum. Kennt jemand von euch einen wirklich guten Orthopäden?« Entweder die Leute kennen einen. Oder sie kennen keinen – dann ist die Sache ohne großes Aufheben auch erledigt und man geht mit einem gemurmelten »Ich wollte bloß mal fragen« zum nächsten Gesprächsthema über. Gute Aufhänger sind auch:

- »Was ich Sie schon lange fragen wollte: …«
- »Ich habe gehört, dass… Ist da was dran?«
- »Haben Sie das auch gehört, dass…?«

Unterschätzen Sie niemals die Nützlichkeit von zielgeführtem Klatsch. Viele meiner Trainingsteilnehmer sagen mir: »Morgens bei einer Tasse Kaffee in der Kaffeeecke erfahre ich mehr Nützliches als in einer ganzen Woche Meetings und Besprechungen!«

Indirekt klatschen

Sie können auch indirekt vorgehen, indem Sie verdeckt fragen. Nehmen wir an, Sie spekulieren auf eine baldige Beförderung. Dann können Sie auf verschiedene Weise indirekt fragen:

- »Was erzählt man sich denn so über die Karrierepläne von Herrn Müller (dem jetzigen Stelleninhaber)?«
- »Weiß jemand, ob Müller jetzt bleibt oder doch wechselt?«
- »Ist was dran an dem Gerücht, dass Müllers Posten bald frei wird?«
- »Was gibt's Neues in Bezug auf die Nachfolgeregelung von Müllers Ressort?«

Sie müssen noch nicht einmal fragen, wenn Ihnen das zu neugierig oder aufdringlich erscheint. Sie können auch ganz normale Klatschaussagen treffen:

- »Man erzählt sich, dass Herr Müller hochfliegende Karrierepläne hat!«
- »Ich denke mal, Müller wechselt nicht. Der bleibt hier noch bis zur Rente!«
- »Ich habe das Gerücht gehört, dass Müllers Position bald frei wird.«
- »Die Nachfolgeregelung in Müllers Ressort kommt auch nicht recht voran!«

Wenn Ihre Klatschpartner etwas zum Thema wissen (und sagen dürfen), dann werden sie darauf einsteigen. So erfahren Sie, was Sie wissen möchten. Wissen die Klatschpartner nichts zum Thema, kriegen Sie damit zumindest heraus, wer nicht auf dem Laufenden ist.

Klatsch & Tratsch

»Was in den sorgfältig gebundenen Lebensbilanzen von Bohlen, Farrag, Feldbusch, Küblböck oder Nena zur Sprache kommt, ist allein Klatsch und Tratsch, also ›der Neugier entgegenkommende Neuigkeiten aus dem Bereich anderer Menschen‹. Man zieht eben gerne übereinander her. Das bedeutet aber auch, dass man als Leser nichts erfährt, was in irgendeiner Weise von Belang wäre. Es wird geredet und geredet, doch bemerkenswerterweise geht daraus nichts hervor!«

Aus der Süddeutschen Zeitung, 4.10.2003

Die Testballon-Taktik

Klatsch ist eine hervorragende Gelegenheit, Ideen und Informationen anzutesten. Thomas zum Beispiel entwickelt Verpackungen. Er würde zwar nie eine marktfähige Idee per Klatsch testen (siehe Kapitel 3, Seite 97f.): Die Gefahr ist zu groß, dass diese dann geklaut wird. Doch wenn ein Thema oder eine Idee noch total unausgegoren ist, hat er schon festgestellt: »Wenn ich Bekannte und Verwandte direkt frage, kommen meist Antworten, die nicht besonders brauchbar oder ehrlich sind, weil die Menschen zu erraten versuchen, welche Antwort ich erwarte.« Dieser Zerreffekt tritt bei Klatsch und Tratsch nicht auf. Da reden die Leute frei von der Leber weg.

Also fragt Thomas nicht: »Was würdet Ihr von einer Milchverpackung halten, die anzeigt, wann die Milch im Kühlschrank zu viele Keime angesetzt hat?« Er klatscht vielmehr: »Ihr werdet's nicht glauben, aber die Engländer sollen tatsächlich einen Tetrapak entwickelt haben, der anzeigt, ob die Milch im Kühlschrank schon zu viele Keime angesetzt hat.« Auf diesen ganz normalen Klatscheinwurf hin springen die Gesprächspartner automatisch an: »Das ist aber mal eine gute Idee. Ich frage mich auch ständig, ob man die Milch noch trinken kann oder nicht.« Oder sie sagen: »Blöde Idee. Wenn die Milch schlecht ist, ist sie sauer – wozu da noch die Anzeige?«

Trösten tröstet nicht

Weil bei Klatsch und Tratsch so viel Dampf abgelassen wird (siehe Kapitel 1, Seite 22), weil Menschen beim Klatschen oft aufgeladen, frustriert, demotiviert oder aufgebracht sind, taucht ein Thema wie ein roter Faden auf: Trost, Zuspruch, Anteilnahme. So selbstverständlich und menschlich dieses Thema ist, es ist ein sehr heikles Thema. Betrachten wir ein alltägliches Beispiel:

Monika: »Der Chef ist so ein Ekel, der macht mich noch verrückt!«

Jürgen: »Nimm das doch nicht so schwer! Der meint es sicher nicht immer so, wie es ankommt. Morgen ist er bestimmt wieder ganz verträglich!«

Was passiert hier? Hier wird offensichtlich geklatscht, über den Chef gelästert. Was für ein Gefühl haben Sie dabei? Kein gutes? Dann sind Sie inzwischen ganz schön klatschkompetent. Denn nach dem kleinen Gespräch sagt Monika zu Brigitte: »Der Jürgen ist ein schöner Kollege! Nimmt den Chef auch noch in Schutz!«

Das Paradoxe daran: Das wollte Jürgen überhaupt nicht! Es kam lediglich so an. Warum? Weil Jürgen zu trösten versuchte. Leider so, wie es den meisten Menschen beim Klatsch unterläuft: mit Bumerangeffekt. Denn Monika fühlt sich danach alles andere als getröstet. Sie fühlt sich missverstanden, abgespeist, ins Unrecht gesetzt. Sie glaubt, dass Jürgen ihr die Schuld in die Schuhe schieben, den Chef in Schutz nehmen wollte! Warum? Weil Jürgen einem verbreiteten Missverständnis aufgesessen ist.

Ausreden tröstet nicht

Die meisten Menschen glauben, dass es einen anderen Menschen tröstet, wenn man ihm seine Sorgen und Probleme ausredet: »Ist alles nicht so schlimm! Kopf hoch, das schaffst du auch noch!« Sie meinen allen Ernstes, dass das tröstet. Das ist ein Irrtum. Das Gegenteil ist der Fall: Solche Sprüche frustrieren bis in den Gesprächsabbruch hinein. Das wissen Sie aus eigener Erfahrung: Wenn Sie ein echtes Problem haben und es wirklich ganz schlimm finden und gerne Ihr Herz ausschütten möchten und der Gesprächspartner zu Ihnen sagt: »Ach, das ist doch alles gar nicht so schlimm!«, wie fühlen Sie sich dann? Getröstet? Verstanden? Besser?

Im Gegenteil. Sie fühlen sich missverstanden, vielleicht sogar auf den Arm genommen. Sie halten ein Problem für ganz schlimm und Ihr Klatschpartner widerspricht Ihnen: »Ach was, nun hab dich nicht so!« Das ist ziemlich brutal; echte Verbalaggression – natürlich unbewusst, ungewollt und unabsichtlich. Doch der Schaden ist derselbe. Wenn jemand sich beklagt, dann versuchen Sie auf keinen Fall, ihm die Sache auszureden, ihn aufzumuntern, ihn von der geringen Bedeutung der Angelegenheit zu überzeugen. Denn all das bewirkt das Gegenteil, wie Sie aus eigener Erfahrung wissen. Wer anderer Leute Probleme in bester Absicht verniedlicht, beleidigt sie. Wenn »trösten« nicht tröstet, was tröstet dann?

Bestätigung ist der beste Trost

Bestimmt ahnen Sie es bereits: Bestätigen tröstet besser als der übliche Trost (sprich die Verniedlichung). Um unser Beispiel aufzugreifen:

Monika: »Der Chef ist so ein Ekel, der macht mich noch verrückt!«

Jürgen: »Ja, er kann einem ganz schön auf den Senkel gehen. Besonders feinfühlig ist er nun wirklich nicht. Was hat er denn diesmal angestellt?«

Das wirkt fühlbar anders, oder? Die Wirkung konnten Sie

fast körperlich spüren. Monika fühlt sich daraufhin verstanden, abgeholt, wertgeschätzt. Sie sagt zu Brigitte: »Der Jürgen ist ein feiner Kerl. Mit dem kann man wenigstens vernünftig reden!«

So einfach Bestätigen auch ist, die meisten Menschen haben heftige Probleme damit. Schüttet einer sein Herz aus, erfährt er in der Regel eben keine Bestätigung, sondern gefühllose Sprüche wie:

- »Ich weiß nicht, was du hast. Das ist doch kein Problem!«
- »Na, dann musst du eben …«
- »Also, ich hatte damit noch nie ein Problem.«
- »Du konntest noch nie besonders gut damit umgehen.«
- »Das kommt davon, wenn du immer …«

Wer solche Klatschhämmer verwendet, darf sich nicht wundern, wenn er für eine unsympathische Kanaille gehalten wird, mit der irgendwann keine(r) mehr reden möchte. Besonders in Beziehungen kommen solche Hämmer häufiger vor als in jedem Heimwerkermarkt. Und dann wundern sich noch einige, warum sie Beziehungsstress haben …

Wertschätzung ist Klatschwährung

Bestätigung ist nicht nur der beste Trost. Sie ist sozusagen die Währung von Klatsch und Tratsch. Wenn einer eine Klatschgeschichte zum Besten gibt, ist es ein selbstverständliches Gebot der Höflichkeit, dass man bestätigende, anerkennende, empathische, wertschätzende Begleitäußerungen von sich gibt:

- »Nee, du, jetzt echt?«
- »Sag bloß, das ist ja ein Ding.«
- »Da hast du recht!«

- »Geht mir auch so.«
- »Finde ich auch, Sauerei!«

Sie halten das für eine Selbstverständlichkeit? Dann beobachten Sie mal Gesprächspartner beim Klatsch. Sie werden sich wundern, wie wenig manche den anderen bestätigen. Und dann beobachten Sie sich selbst mal, wenn Sie klatschen. Zwei Dinge fallen auf.

Zum einen wird Ihnen auffallen, dass Sie in bestimmten Situationen, bei bestimmten Klatschpartnern oder Themen unwillkürlich nicht bestätigend, sondern skeptisch reagieren:

- »Wirklich? Wie das denn?«
- »Das kann doch nicht sein!«
- »Verstehe ich nicht.«
- »Ach ja? Tatsächlich?«
- »Wie soll das denn gehen?«

Das alles sind natürlich grobe Fouls, die Sie erst dann vermeiden können, wenn Sie damit beginnen, sich selbst ein wenig zuzuhören. Das ist recht einfach, wenn Sie es einmal ausprobieren.

Zum anderen sprechen gerade bei Klatsch und Tratsch Gesichter Bände. Wer im Gespräch die Brauen hochreißt oder ein Auge zukneift, große Augen macht, die Stirn in Falten legt oder sich fragend ans Kinn fasst, muss dem Gesprächspartner gar nicht in Worten sagen, dass er ihn nicht gut findet. Seine nonverbalen Signale sprechen deutlicher als alle Worte. Sollen Sie sich deshalb etwa im Gespräch verstellen? Nein. Denn auch das würde Ihr Gegenüber bemerken. Menschen haben ein feines angeborenes Gespür für Unehrlichkeit. Es ist wieder mal viel einfacher, als man denkt: Gehen Sie einfach emotional mit der Klatschgeschichte mit. Das nennt man Empathie. Das reicht schon, um dem Partner die nötige Bestätigung zu schenken.

Für die meisten Frauen ist das übrigens selbstverständlich. Viele Männer haben dagegen große Probleme mit dem Bestätigen. Nicht, weil sie dumm wären, sondern weil sie jahrhundertelang falsch erzogen wurden. Ihnen wurde beigebracht: »Kommunikation dient allein der Informationsübermittlung, Problemlösung und Herrschaftssicherung.« Dass Kommunikation in bestimmten Kontexten auch der Bestätigung dienen muss, hat ihnen bislang noch keiner gesagt. Also zeigen Sie Geduld, wenn ein Mann das Bestätigen erlernt – auch und gerade dann, wenn Sie dieser Mann sind.

Der bessere Klatsch: Fragen

Was macht man beim Klatschen? Man redet. Prima. Manchmal ist es beim Klatschen jedoch besser, nicht zu reden, sondern zu fragen. Manchmal sind Fragen der bessere Klatsch.

Wenn Sie fragen, statt zu reden, bringen Sie den Gesprächspartner automatisch ins Spiel. Denn selbst schweigsame Menschen antworten auf eine Frage – das ist ein menschlicher Kommunikationsreflex. Deshalb sind Fragen ideal, um ein Klatschgespräch anzufangen oder anzuwärmen, um das Klatschthema zu wechseln, bislang schweigsame Teilnehmer einer Runde einzubinden oder eine peinliche Stille zu beenden. Zum Beispiel: »Was halten Sie denn von der letzten Rede unseres Kanzlers?« Darauf hat nun wirklich jeder was zu sagen – und sei es: »Politik interessiert mich nicht besonders!«

Aber: Übertreiben Sie es nicht! Gerade beim Klatsch ist die Gefahr der Fragenflut besonders hoch. Sicher kennen Sie auch unangenehme Zeitgenossen, die Sie irgendwo auf der Straße oder auf einem Flur festnageln und mit Fragen löchern: »Wie geht es denn Ihrer Frau? Wieder besser? Hat sie die OP gut überstanden? Ist sie schon wieder zu Hause? Wann will sie denn wieder mit der Arbeit anfangen?« Und so weiter. Fragen sind gut. Ausfragen ist schlecht. Im Zweifelsfall schauen Sie Ihrem Gegenüber ins Gesicht. Sieht es gequält aus, treten Sie auf die Fragebremse.

Es versteht sich von selbst, dass offene Fragen besser klatschgeeignet sind als geschlossene, wenn Sie jemanden wachklatschen wollen. Zum Beispiel:

- geschlossene Frage (mit Ja/Nein zu beantworten): »Mieses Wetter heute?« Antwort schlimmstenfalls: »Mmh.« Damit lässt sich klatschweise nicht viel anfangen.
- offene Frage (nicht mit Ja/Nein zu beantworten): »Was halten Sie denn von diesem reizenden Wetter?« Darauf muss der Gefragte mindestens mit einem halben Satz antworten – und tut es auch. Das ist ein Reflex.

Der Merksatz dazu: Offene Fragen öffnen ein Gespräch.

Steilpässe

Wenn Sie Klatschprofis bei ihrem Handwerk zuhören, werden Sie feststellen, dass diese eine nicht ganz einfache, dafür aber umso wirkungsvollere Technik beherrschen: den Steilpass. Mit dem Steilpass bringt der Klatschprofi einen Gesprächspartner ins Spiel, indem er eines seiner Lieblingsthemen oder ein Thema seiner Expertise anschneidet. Zum Beispiel in Form einer Frage: »Björn, du warst doch mal Fußball-Torwart, was sagst du zum Bayern-Keeper, der diesen Schuss am Samstag reinließ – war der haltbar?«

Oder auch als ganz normaler Klatsch in Aussageform: »Wie der Bayern-Keeper diesen Schuss am Samstag reinlassen konnte, ist mir echt schleierhaft! Der war doch haltbar!«

Wenn Sie einem Gesprächspartner etwas Gutes tun wollen, geben Sie ihm einen Steilpass. An der Begeisterung, mit der er ins Thema einsteigt, werden Sie seine Dankbarkeit erkennen können. Überflüssig zu sagen, dass Steilpässe extrem charmant sind und deshalb sehr sympathisch machen. Mit Menschen, die einem Vorlagen geben, unterhält man sich immer gerne.

Klatsch & Tratsch

Dass Frauen rein mengenmäßig mehr tratschen als Männer, wird ihnen seit Jahrhunderten als Nachteil angerechnet. Es heißt ja auch »Klatschbase« und nicht »Klatschvetter«. Soziologen ermittelten, dass Frauen am Tag durchschnittlich 23 000 Wörter sagen, Männer dagegen mit 12 000 lediglich die Hälfte. Was bislang als typisch weibliche Schwäche galt, ist höchstwahrscheinlich genetisch bedingt. Weibliche Embryos bewegen bereits im Mutterleib ihre Kiefer um 30 Prozent häufiger als männliche!

Wenn Sie nicht wissen, was Sie sagen sollen

Da (fast) alle Menschen sprechen können, könnte man annehmen, dass auch alle Menschen klatschen können. Das stimmt jedoch nicht. Viele Menschen würden gerne mitklatschen, um dazuzugehören, sich gut zu unterhalten und so einiges zu erfahren. Doch immer wieder fallen sie in ein peinliches Schweigen und kommen nicht mehr von alleine heraus. Besonders häufig ist dieses Schweigen ganz zu Beginn eines Gesprächs, das deshalb dann oft nicht zustande kommt. Dagegen gibt es Mittel und Wege:

Checkliste

Wenn Sie nicht wissen, was Sie sagen sollen

- Lassen Sie den Gesprächspartner klatschen. Vielleicht bringt er ja ein Thema ein.
- Wenn nicht, beginnen Sie mit etwas Unverfänglichem wie: »Lange nicht gesehen«, »Schön, dass ich dich treffe. Wie läuft's denn so?«, »Furchtbares Wetter, nicht?«
- Wenn Sie ein Gespräch in Gang bringen wollen, stellen Sie nie geschlossene, sondern immer offene Fragen (s.o.).
- Ideale Klatscheinstiege sind Neuigkeiten von gemeinsamen Bekannten oder Promis, Nachrichten-Schlagzeilen oder die Kleidung des anderen (»Tolles Jackett, neu?«).
- Noch besser ist es, ein persönliches Lieblingsthema des Gegenübers anzusprechen; zum Beispiel: »Wie sieht's im Garten aus?«, »Macht die Tochter noch Stress?«
- Wenn Sie in bestimmten Situationen nie wissen, was Sie sagen sollen: Spontan klappt das selten. Legen Sie sich für jeden Tag zwei, drei Klatschthemen zurecht, auf die Sie zurückgreifen können.
- Tagesaktuelles aus Politik, Gesellschaft, TV und Presse eignet sich hervorragend dazu.
- Sagen Sie einfach was Nettes (s.u.)!

- Sprechen Sie etwas Offensichtliches an. Beim Klatsch ist das nicht nur erlaubt, sondern besser als jedes andere Thema, weil das Offensichtliche immer konsensfähig ist. Offensichtlich ist alles, was Sie und der Gesprächspartner gerade sehen, hören, erleben oder wissen.

Sagen Sie was Nettes!

Auf diese Idee kommen seltsamerweise die wenigsten Menschen. Frauen noch eher als Männer: Sagen Sie beim Klatsch dem anderen auch mal was Nettes! Erstens ist das ein phantastischer Eisbrecher und Klatscheinstieg. Und zweitens ist das eine ideale Bestätigung (siehe oben), also Kitt für Klatsch und Beziehung. Zum Beispiel:

- »Schön, dass ich Sie hier treffe!«
- »Gut siehst du wieder aus!«
- »Ich hab gehört, du hast ein tolles Projekt an Land gezogen. Gratuliere!«
- »Ich freue mich immer, Sie zu treffen.«
- »Sie sprühen ja heute wieder nur so vor guter Laune!«

Natürlich funktioniert das nur, wenn Sie es auch ehrlich meinen. Menschen haben feine Antennen für Unehrlichkeit. Wenn Sie mies drauf sind, sollten Sie lieber keine Komplimente verteilen – es sei denn, Sie können sich damit an den eigenen Haaren aus dem Sumpf der üblen Laune ziehen. Und wieder gilt: Wenn Ihnen dieser Klatschtipp zwar gut, aber gleichzeitig etwas komisch vorkommt, liegt es sicher daran, dass er ungewohnt für Sie ist. Vor allem Männer sagen bekanntlich selten was Nettes, weil sie das für überflüssig, nicht zielführend halten. Daher: Geben Sie sich eine Chance. Probieren Sie's erst ein paar Mal aus, um ein Gefühl dafür zu entwickeln. Beobachten Sie die positive Wirkung auf Ihr Gegenüber – das motiviert Sie, weiterzumachen.

Blöde Themen abbiegen

Eine Frage taucht in unseren Seminaren immer wieder auf: »Wie winde ich mich raus, wenn ich zu einem Thema oder einer Frage lieber nichts sagen möchte?« Wir kennen sie ja alle, die naseweisen Zeitgenossen, die uns mit unangenehmen Fragen löchern. Wenn Sie die Antwort wissen, aber nicht sagen möchte, was tun Sie dann?

Auf keinen Fall sagen Sie: »Da möchte ich nicht drüber reden!« Das führt zum sofortigen Beziehungsschaden und oft zum Gesprächsabbruch. Probieren Sie's doch einfach mit: »Da weiß ich auch nichts drüber!« Falls der andere das nicht akzeptiert und weiterbohrt, drehen Sie den Spieß um: »Ich habe wenig darüber gehört. Was hast du denn darüber erfahren?« Meist ist der andere begierig, diesen Steilpass zu nutzen und abzuladen, was er alles über das Thema weiß.

Sie können sich auch auf eine Verpflichtung zur Verschwiegenheit berufen: »Ich würde schon gerne, aber ich habe ihm/ihr versichern müssen, dass ich es keiner Menschenseele weitererzähle.« Manchmal wirkt das. Bei Menschen ohne nötigen Anstand wird dadurch jedoch das Geheimnis nur noch attraktiver. Also verschlüsseln Sie es als letzte Möglichkeit bis zur Unkenntlichkeit und geben Sie dem anderen recht: »Stimmt, da ist was im Busch. Und du hast recht, es ist eine große Sache.« Auf diese indirekte Art geben Sie drei bis vier Antworten. Sie verraten dabei keine Inhalte, befriedigen aber trotzdem die Neugier des anderen. Denn nichts befriedigt Neugier mehr als das Bestätigen von Vorurteilen.

Das Wie ist wichtiger als das Was

Wir können den Inhalt dieses Kapitels auf einen einzigen Punkt bringen: Bei Klatsch und Tratsch kommt es weniger auf das Was und mehr auf das Wie an. Es ist nicht wirklich entscheidend, was man sich denn so erzählt, sondern wie man es sich erzählt.

Das entlastet ungemein: Sie müssen sich nicht den Kopf über konsensfähige Themen zerbrechen. Sie können auftischen, wonach Ihnen der Sinn steht, was sich gerade so ergibt oder was Sie sich vorgemerkt haben. Die schönsten Gespräche ergeben sich sowieso immer ganz spontan – egal, worüber man redet. Das Was ist nicht so entscheidend wie das Wie: Mit Rechthaben, Übertrumpfen, Skepsis, Abwiegeln und Zynik kriegen Sie jedes Gespräch tot – egal, welches Thema Sie wählen.

Wenn Sie dagegen dem anderen Toleranz, möglicherweise sogar Verständnis entgegenbringen und ihn hin und wieder bestätigen oder was Nettes zu ihm sagen, dann ist das Klatschthema herzlich egal – das Gespräch wird wie am Schnürchen laufen und Ihnen allen einen Riesenspaß bereiten.

Klatsch & Tratsch

»Style is the message.«
(Der Stil ist die Botschaft.)

Marshall McLoohan

Wenn unsere hochbezahlten Manager im Lager rumhängen und mit den jungen Sortierhilfen klatschen, heißt das doch nicht Klatschen! Das heißt: Management by walking around!
Zynische Sekretärin

5 Die Klatsch-Fragestunde

Warum reden Menschen so viel Stuss?

Manche halten Klatsch und Tratsch für die einfachste Sache der Welt. Die würden sich wundern, wie unsicher die meisten Menschen diesbezüglich sind, wie viel Fragen sie zum Thema Tratsch haben. Dieses Kapitel beantwortet die häufigsten und nützlichsten Fragen.

Beginnen wir mit einer Frage, die auf den ersten Blick nichts mit Klatsch und Tratsch zu tun hat. Hartmut, ein Seminarteilnehmer, berichtet: »Neulich zogen wir um. Der ganze Gehweg vor dem Haus stand voller Umzugskartons. Mein Nachbar kam rüber und fragte: ›Zieht ihr um?‹ Ich hätte am liebsten gesagt: ›Nö, du, wir packen einmal im Monat den ganzen Krempel ein, um zu sehen, wie viel Kartons wir dafür brauchen!‹ Wie kann man bloß so dämlich fragen?«

Angelika erzählt: »Letzte Woche hatte ich mitten auf der Landstraße einen Platten. Als ich bei sengender Hitze das Ersatzrad auf die Achse wuchtete, hielt ein LKW-Fahrer an und meinte: ›Na, Sie müssen wohl den Reifen wechseln!‹ Ich war fassungslos! Was hätte ich denn sonst bei 30 Grad im Schatten mit einem Ersatzrad in der Hand tun sollen! Reifen-Aerobic etwa? Typisch LKW-Fahrer; nix in der Birne.«

Was sagen Sie dazu? Die beiden Anekdoten spalten fast jedes Publikum. Die einen halten es mit Hartmut und Angelika und meinen: »Wie kann man so einen Stuss daherreden!« Die anderen finden nichts dabei: »Wieso Stuss? Ich hätte sicher etwas Ähnliches gesagt!«

Klatsch und das Offensichtliche

Die Gewohnheit einiger Zeitgenossen, sich über das schreiend Offensichtliche auszulassen, bringt manche Menschen fast zur Weißglut, während andere nichts dabei finden (meist jene, die ebenfalls eine Neigung zum Offensichtlichen haben). Der Standpunkt von Hartmut, Angelika und Konsorten ist: »Wenn da ein Klavier steht, dann muss man doch nicht sagen, dass da ein Klavier steht. Das bringt doch keinen weiter!« Eben. Da liegt das fundamentale Missverständnis: Hartmut und Angelika machen den Mund nur dann auf, wenn sie etwas Nützliches, Neues oder Informatives mitzuteilen haben. Deshalb nehmen sie automatisch an, dass das »normal« ist. Aus diesem Grund regen sie sich auch über jeden auf, der »abnormal« ist und Zeug daherredet, das keine verwertbare Information enthält.

Was Hartmut und Angelika übersehen, ist der simple Umstand, dass unterschiedliche Menschen auch unterschiedliche Kommunikationsmotive haben: Manche Menschen reden nicht (nur), um Informationen auszutauschen (Motiv A) – sie wollen auch hin und wieder einfach bloß klatschen, sich unterhalten, nett sein, Small Talk machen, ein Gespräch in

Gang bringen (Motiv B)! Das ist nicht verrückt oder unlogisch, unsachlich oder dämlich, das ist einfach nur *anders.* Andere Menschen – andere Motive. Und was wäre besser für ein formloses Gespräch geeignet als das Offensichtliche, wie zum Beispiel:

- »Mieses Wetter heute.«
- »Ziehen Sie um?«
- »Aha, Sie wechseln wohl den Reifen.«
- »Ist das dein neues Auto?«

Das ist keine Dummheit, wie Hartmut und Angelika meinen, sondern im Gegenteil: Das ist kommunikative Intelligenz. Denn die sicherste Art, ein Gespräch erfolgreich zu beginnen, ist, über völlig Offensichtliches, also Unbestreitbares, zu reden. Bei so einem unbestrittenen Thema erzielt man am schnellsten Übereinstimmung; der Experte nennt es Rapport.

Wenn also demnächst wieder jemand Ihnen gegenüber das schreiend Offensichtliche anspricht, verkneifen Sie sich Assoziationen wie »So ein dummer August!«. Erkennen Sie vielmehr die Intention hinter diesem einfach gestrickten Gesprächsbeginn: Hier möchte jemand klatschen, ein Gespräch beginnen, einfach nur nett sein und ein wenig quatschen. Sie müssen nicht darauf einsteigen – aber Sie müssen sich auch nicht darüber ärgern. Das ist es, was der Experte mit kommunikativer Intelligenz meint: Nicht auf Worte hereinfallen, sondern die Intention des Gesprächspartners hinter den Worten erkennen. Sie hätten nicht gedacht, dass kommunikative Intelligenz und Klatsch in einem Satz genannt werden könnten? Da sehen Sie mal, wie tiefgründig selbst die trivialsten Gesprächsformen sein können.

Klatschen ist höflich

Der Vergleich unterschiedlicher Gesprächsverläufe beim Thematisieren des schreiend Offensichtlichen lässt übrigens tief blicken. Betrachten wir einige Beispiele:

Gesprächsverlauf A	Gesprächsverlauf B
»Ziehen Sie um?« – »Nein, wir verpacken unsere ganze Habe einmal im Monat in Kisten!«	»Ziehen Sie um?« – »Ja, wir haben eine nette Wohnung in einem ruhigen Vorort gefunden.«
»Sie müssen wohl den Reifen wechseln.« – »Nö, ich halte das Ersatzrad nur so an die frische Luft, damit es ein wenig Sonne bekommt.«	»Sie müssen wohl den Reifen wechseln.« – »Ja, und das ausgerechnet jetzt, wo ich sowieso in Eile bin.«
»Das ist wohl dein neuer Wagen.« – »Natürlich ist er das. Was soll es denn sonst sein?«	»Das ist wohl dein neuer Wagen.« – »Ja, tolle Kiste, findest du nicht auch?«
»Es ist nach Feierabend und du bist immer noch hier im Büro?« – »Nein, ich bin schon vor einer Stunde gegangen.«	»Es ist nach Feierabend und du bist immer noch hier im Büro?« – »Leider, ja. Ich muss eine Menge aufarbeiten.«

Was halten Sie von den Angesprochenen unter A? Natürlich können wir sie gut verstehen: Ihnen geht das Offensichtliche einfach auf den Senkel. Doch der Eindruck, den sie damit bei vielen anderen Menschen erwecken, ist: unsympathisch, schnippisch, zynisch, kontaktschwach, introvertiert, arrogant, snobistisch. Die Angesprochenen unter B kommen dagegen als sympathisch, nett, gesprächsbereit, offen, kontaktstark, menschlich rüber. Das ist nichts Neues. Dass Klatschkompetenz sympathisch macht, haben wir schon öfter angesprochen.

Darüber hinaus wirken die Angesprochenen unter A äußerst unhöflich, ja menschen- und kontaktfeindlich. Wenn man sich nichts draus macht, wie man bei anderen ankommt, geht das Ordnung. Wer jedoch Wert darauf legt, nicht als schrulliger Snob verschrien zu werden, sollte im Kopf behalten: Ein Klatschangebot auszuschlagen, weil man es gar nicht als solches erkennt, sondern für unsinniges Gerede über Offensichtliches hält, ist ungeschickt, unhöflich und obendrein gefährlich. Es macht auf jeden Fall nicht sympathischer.

Viele Menschen kostet es zwar ein wenig Überwindung, auf total banale Gesprächseröffnungen (»Tolles Wetter, oder?«) einzusteigen. Doch noch keinem ist dabei ein Zacken aus der Krone gefallen. Im Gegenteil. Selbst die nüchternsten Kopfmenschen ziehen aus solchen belanglosen zwischenmenschlichen Plaudereien ihr Vergnügen. Probieren Sie es mal aus. Achten Sie einfach auf die nächste banale Äußerung eines Mitmenschen. Tun Sie sie nicht als trivial ab. Steigen Sie drauf ein. Beobachten Sie, wie gut es dem anderen dabei geht und wie gut es Ihnen deshalb selbst auch geht.

Warum überwiegt negativer Klatsch?

Rein statistisch betrachtet klatschen Menschen mehr über Negatives als über Positives: Dass der Nachbar seine schwangere Frau verlassen, der Chef sich wieder unmöglich benommen hat oder das Kind eines Kollegen im Supermarkt beim Klauen erwischt wurde. Der Anteil des Negativen schwankt zwischen 80 und 90 Prozent – und nicht nur beim Klatsch! Schauen Sie mal die Tagesschau oder lesen Sie die Zeitung: Die guten Nachrichten muss man mit der Lupe suchen.

Vielen Menschen geht das inzwischen auf die Nerven: Das

viele Negative zieht mächtig runter. Denn negative Nachrichten sind ein übler, kumulativer Stressfaktor. In Amerika spricht man bereits vom Negativity Overload. Warum klatscht dann der Mensch so viel über Negatives, wenn es ihm offensichtlich auf Dauer nicht mal selbst guttut? Weil das ein entwicklungsgeschichtlicher Instinkt ist. In der Frühzeit der menschlichen Geschichte war es einfach überlebenswichtiger, Negatives anzusprechen, um es meiden zu können, als über Positives zu reden. »Vorsicht, da streicht ein Säbelzahntiger durchs Dickicht!« war einfach wichtiger als »Schau mal da drüben die hübschen Veilchen!«. Menschen, die über Blümchen tratschten, überlebten meist nicht die nächste Säbelzahntiger-Attacke, um sich und ihre positive Klatschneigung fortzupflanzen.

Natürlich haben sich die Verhältnisse inzwischen umgekehrt: Was früher überlebenswichtig war, ist heute wegen der Reizüberflutung geradezu überlebensschädlich. Doch Instinkte, die sich über Hunderttausende von Jahren entwickelt haben, ändern sich nicht einfach in der entwicklungsgeschichtlich viel zu kurzen Zeit von 100 Jahren. Das erklärt, warum Klatsch überwiegend negativ ist. Das verschafft Ihnen jedoch noch keine Erleichterung von der negativen Reizüberflutung. Deshalb: Versuchen Sie es zur stressreduzierenden Abwechslung doch einfach mal mit positivem Klatsch.

Positiver Klatsch tut gut

Wenn Sie das nächste Mal mit jemandem reden, bringen Sie versuchsweise eine kurze, erfreuliche Nachricht unter. Das Experiment ist recht instruktiv: Viele Seminarteilnehmer berichten mir, dass sie erst einmal einige Minuten überlegen mussten, bis ihnen eine positive Story einfiel. Nicht weil Positives so rar ist, sondern weil der Fokus unserer Aufmerksamkeit eben automatisch meist auf Negativem ruht (kein Wunder, dass sich viele von uns so oft gestresst fühlen!). Bereits diese Entdeckung des Positiven hat eine merkliche stressreduzierende Wirkung auf den Entdecker.

Die Wirkung auf Ihren Gesprächspartner ist noch bemerkenswerter. Einige Partner werden keine bis eine irritierte Reaktion zeigen: Sie können mit positiven Nachrichten einfach nichts anfangen, weil sie in ihrer negativen Konditionierung gefangen sind. Andere reagieren nonverbal erfreut: Die Miene hellt sich auf, die Haltung wird entspannter. Positiver Klatsch wirkt positiv! Anmerkung für lesende Männer: Eigene Erfolge zählen nicht als positive Nachricht, sondern als Angeberei.

Klatsch & Tratsch

Eine ganz spezielle schriftliche Variation von Klatsch und Tratsch sind die Bürosprüche als Sticker, Faxe, Kalenderblätter oder E-Mails, mit denen sich gequälte Angestellte Luft machen – die typische Ventilfunktion von Klatsch und Tratsch. Hier eine kleine Auswahl: »Unser Chef ist der Meinung, dass man Mitarbeiter so schnell über den Tisch ziehen muss, dass sie die Reibungshitze für Nestwärme halten.« »Pass auf, auf welche Füße du heute trittst. Sie könnten zu dem Hintern gehören, in den du morgen reinkriechen musst!« »Ich gebe bei der Arbeit immer 100 Prozent! Am Montag 20 Prozent, am Dienstag 20 Prozent ...« »Keine Hektik! Wir sind hier bei der Arbeit – und nicht auf der Flucht.«

Warum klatschen manche immer dasselbe?

Manche Menschen können einem ganz schön auf die Nerven fallen, weil sie ständig über dieselben Themen, ja manchmal sogar über dieselben Storys klatschen. Eine Kollegin klatscht praktisch pausenlos über ihre böse Schwiegermutter, ein pensionierter Vorstand erzählt immer wieder von seinem Millionendeal vor 20 Jahren. Das kann mächtig nerven – bis man den Hintergrund kennt.

Natürlich hat ein und dieselbe Geschichte nach der x-ten Wiederholung keinerlei Informationsgehalt mehr. Doch auf die Information kommt es dem Klatschenden überhaupt nicht an, sondern vielmehr auf die Wichtigkeit: Das Thema, das er ständig wiederholt, hat eine so überragende Wichtigkeit in seinem Leben erlangt, dass er nicht mehr davon loskommt. Er bewältigt das Thema, indem er es eben ständig thematisiert.

Das ist bei allen Klatschgeschichten so, die Sie langweilen: Achten Sie nicht auf den Inhalt, sondern auf das dahinter liegende Motiv: Was bezweckt der Gesprächspartner damit? Was möchte er von Ihnen? Aufmerksamkeit? Bewunderung? Achtung? Respekt? Bestätigung? Oder einfach nur Gesprächszeit? Erkennen Sie es und geben Sie es ihm – wenn es ein guter Freund, Bekannter oder Geschäftspartner ist, dem Sie diesen Gefallen, diese Dienstleistung angedeihen lassen möchten. Guten Freunden gibt man gerne diese Streicheleinheiten; denn um nichts anderes handelt es sich hier. Klatscht Sie ein anderer, weniger wertgeschätzter Gesprächspartner mit einer Wiederholung voll, wäre es natürlich sehr edel, wenn Sie auch ihm diesen Service bieten würden – das müssen Sie jedoch nicht. Sie können auch höflich kneifen, das heißt immer mit kommunizierter Wertschätzung:

- »Ich erinnere mich, davon haben Sie mir letzte Woche schon erzählt. Wirklich eine beeindruckende Geschichte.«
- »Ich würde gerne noch zuhören, aber ich muss jetzt wirklich weiter; es pressiert mal wieder!«

Kann reden, aber kann nicht klatschen!

Wer wiederholt sich beim Klatschen auffallend oft? Ältere Menschen. Neulich sagte ein vielbeschäftigter Firmeninhaber: »Mit meinem Vater kann man einfach nicht mehr vernünftig reden. Er wird halt alt. Dauernd erzählt er von den guten alten Zeiten Ich kann es nicht mehr hören!«

Was sich wie die typische Unmenschlichkeit unserer harten, kalten, unzivilisierten Zeit anhört, ist lediglich kommunikative Inkompetenz, ein triviales Klatschproblem: Der Senior möchte einfach nur ein wenig mit dem Junior klatschen – und da ist ein Thema so gut wie das andere. Er könnte auch übers Wetter reden! Doch er redet halt gerne über die Potsdamer Zeiten, weil die erfreulicher sind als das Wetter hierzulande. Und der Junior schafft es nicht, das zu erkennen und ihm pro Wochenende ein halbe Stunde lang bei seinen Reminiszenzen zuzuhören, mitzuschmunzeln, ab und zu eine halbwegs interessierte Frage zu stellen und seinerseits die Klatschstory der Woche anzubringen.

Der Junior macht schätzungsweise 170 000 Euro im Jahr, hat einen Porsche in der Garage und ein Ferienhaus in der Toscana. Er kann einen Saudi an die Wand verhandeln, seine Lieferanten jährlich um zehn Prozent drücken und den Betriebsrat so schwindelig reden, dass er jede Überstunde genehmigt – aber er kann nicht klatschen! Ist das nun peinlich oder tragisch? Ist es empörend oder bemitleidenswert? Vielleicht ist er als Chef ein Ass, aber als Mensch und Sohn? Klatschen gehört nun mal zur menschlichen Grundanforderung. Wer dieser Anforderung nicht gerecht wird, sieht einfach nicht gut aus.

Das sollten Sie beachten!

Klatsch ist in bestimmten Situationen einfach nicht willkommen. Diese Situationen sollten Sie erkennen, um nicht ins Fettnäpfchen zu treten und anderen auf den Geist zu gehen. Sie sollten sich zum Beispiel immer dann mit Klatsch zurückhalten, wenn der andere

- offensichtlich in Eile ist. Dieser Verzicht erfordert ein waches Auge und etwas Überwindung, wenn der Klatschdrang in Ihnen gerade besonders groß ist.
- miese Laune hat. Sie können ihn höchstens ermuntern, seinem Frust klatschend etwas Luft zu machen à la: »Na? Was geht so ab bei dir?« Vorsicht: »Du bist aber mies drauf!« ist ein untauglicher Klatschstart, weil der andere das umso mehr als Vorwurf auffassen kann und sauer reagiert, je mieser er drauf ist!
- mit den Gedanken offensichtlich woanders ist. Dann erzählt man ihm nicht die neueste Story aus der Firma. Man fragt höchstens: »Was beschäftigt dich gerade?« Geht der andere nicht darauf ein, lässt man's gut sein.
- explizit aus dem Klatsch aussteigt: »Für die neueste Story vom Chef habe ich jetzt echt keinen Nerv!« Dann zieht man sich elegant zurück: »Nichts für ungut!«

Vor allem: Wenn der andere gerade fast platzt und unbedingt seine akute Klatschgeschichte anbringen möchte, sollten Sie Ihre eigene zurückstellen. Ja, das erfordert ein waches Auge und oft einige Überwindung zur Zurückhaltung – doch das gebietet einfach die Höflichkeit. Warum nimmt denn der andere nicht seinerseits Rücksicht auf Sie und Ihren Mitteilungsdrang? Sehen Sie, genau das ist Höflichkeit. Wenn nämlich jeder diese Frage stellen würde, gäbe es keine Höflichkeit und kein zivilisiertes Zusammenleben. Keine Bange, die Höflichkeit gebietet auch, dass der andere Ihrer Klatschgeschichte zuhört, nachdem er sich von seiner befreit hat. Tut er das nicht, klatschen Sie beim nächsten Mal einfach mit einem höflicheren Menschen.

Wie oft soll man klatschen?

Kein Witz. Diese Frage stellen Klatschneulinge oft. Die einfachste Antwort darauf lautet: So oft es sich ergibt. Wenn Ihnen also jemand ein Klatschangebot macht, nehmen Sie es ruhig an! Wenn sich für Sie eine Klatschgelegenheit ergibt, ergreifen Sie sie! Wenn Sie jemanden treffen oder mit ihm telefonieren oder mailen – klatschen Sie ein wenig. Sie müssen ja nicht minutenlang klatschen. Aber für ein, zwei Sätze ist immer Zeit.

Manche Menschen befürchten, dass sie zu viel klatschen. Diese subjektive Befürchtung lässt sich objektivieren: Wenn Sie tagsüber mit zehn Menschen reden, mit wie vielen von ihnen klatschen Sie auch? Mit jedem könnte tatsächlich ein wenig zu viel des Guten sein. Mit weniger als drei ist dagegen eindeutig zu wenig, wenn man bedenkt, wie wichtig Klatsch als zwischenmenschlicher Hygienefaktor ist.

Wenn Sie dagegen auf der Suche nach einer Wohnung, einem bezahlbaren Gebrauchtwagen, dem Märchenprinzen, der Traumfrau oder etwas anderem sind, dann sind zehn von zehn Klatschgesprächen noch zu wenig. Dann sollten Sie Ihre Klatschkontakte auf (mindestens) zwanzig steigern und mit allem klatschen, was zwei Beine hat und artikulationsfähig ist. Wer jeden Tag nur mit einem Menschen klatscht, tut sich bei jedweder Suche sehr schwer.

Daneben gilt: Wenn am Arbeitsplatz Ihre Arbeit zu kurz kommt, klatschen Sie zu viel. Wenn Ihnen die Arbeit dagegen stinkt, klatschen Sie zu wenig. Das rechte Maß zu finden ist eine Frage der Balance: An manchen Tagen braucht man viel, an anderen darf man sich nur ganz wenig Klatsch leisten. Ganz schädlich ist auf jeden Fall, den akuten Klatschdrang zu verdrängen oder zu ignorieren. Das ist gesundheitsschädlich. Sie können den Klatschdrang auf später verschieben, wenn es besser passt. Doch einen ganzen Tag lang dem Drang nicht nachzugeben, das können viele Menschen tatsächlich abends dann am Blutdruck spüren. Kommunikation zu unterdrücken ist ungesund.

Wie lange klatscht man?

Eine ausgezeichnete Frage. Was würden Sie sagen? Es kommt überhaupt nicht auf die Dauer an – prima Antwort. Man kann buchstäblich zwischen Tür und Angel, en passant, im Vorübergehen klatschen. Nicht die Quantität ist wichtig, sondern die Qualität, also die Kontaktintensität, der Grad der Übereinstimmung, die Nützlichkeit oder der Unterhaltungswert der ausgetauschten Informationen, der Spaß dabei. Oft ist es gerade der Sekundenklatsch, der in unserer hektischen

Zeit und vor allem am Arbeitsplatz Lebensqualität zurückgibt:

»Hey, lange nicht gesehen, wie läuft's im Lager?«

»Alles paletti. Haste schon gehört? Die Müller wechselt nächsten Monat zur Konkurrenz!«

»Nein, echt? Donnerwetter. Muss ich gleich den Kollegen stecken. Also dann, tschö!«

»Man sieht sich.«

Dieser Flurklatsch im Vorbeiflug hat ganze sieben Sekunden gedauert. Doch seinen Zweck hat er voll erfüllt. Die beiden haben das Beziehungskonto aufgefüllt und obendrein eine nützliche Information weitergegeben. Selbst wenn einer der beiden hängen geblieben wäre und sich verplappert hätte, hätte der andere problemlos abbrechen können: »Du, ich bin auf dem Sprung. Der Chef macht gerade Druck. Wir sehen uns!« Beim Klatsch ist das völlig unproblematisch. Das führt uns zur nächsten Frage.

Was kann ich tun, um nicht hängen zu bleiben?

Diese Furcht hindert viele daran, nach Herzenslust zu klatschen. Man hat heutzutage einfach nicht mehr die Zeit, oft noch nicht einmal im Privatleben. Der Terminstress! Da muss man sich den kleinen Klatsch zwischendurch eben verkneifen. Was ganz logisch klingt, ist psychologisch die reinste Körperverletzung.

Wer seinen natürlichen Klatschtrieb zu lange oder zu intensiv unterdrückt, wird unausgeglichen, kriegt psychosomatische Symptome und auf Dauer Burnout-Probleme. Es schadet, seine eigenen Bedürfnisse zu lange hintanzustellen. Wenn Sie keine Zeit haben, klatschen Sie trotzdem! Legen Sie eben einen Quicky ein! Der oben beschriebene Sekundenklatsch ist eine wunderbare Alternative bei Terminnot. Sieben Sekunden haben Sie immer Zeit!

Viele Klatschprofis richten sich auch nach dem Prinzip des 1-Minuten-Managers – nach dem Motto: »Eine Minute Klatsch und Tratsch pro Stunde – so viel Zeit muss sein!« Schauen Sie dabei ruhig auf die Uhr und brechen Sie danach beziehungsfreundlich ab: »Es war wieder toll, mit Ihnen zu reden. Leider ist mein Terminstress gerade mörderisch. Ich würde gerne noch ein Weilchen … aber Sie kennen das ja. Also auf bald!« Die meisten Menschen verstehen das und gehen darauf ein – nicht zuletzt deshalb, weil auch sie unter Zeitstress stehen. Was aber, wenn der andere einfach nicht aufhört? Das führt uns zur nächsten Frage.

Wie werde ich die Klette los?

Normalerweise kann man ein Klatschgespräch mit einer einzigen Wendung beenden: »Du, hat mich gefreut, ich muss los!« Die Klette versteht das, aber sie bleibt trotzdem haften: »Jaja, klar, du musst los, ich weiß schon, aber warum hat der Chef das denn jetzt gesagt?« Also geht man noch einmal auf sein Klatschthema ein, verabschiedet sich noch einmal, wird noch einmal eingefangen, geht noch einmal … und kommt nicht mehr los von der Klette!

Das Gefühl kennt jeder – es ist äußerst unangenehm. Auch aus diesem Grund haben Klatsch und Tratsch bei vielen einen schlechten Ruf. Zu Unrecht. Denn das Loslösen von der Klette ist lediglich eine Frage der Technik. Möglicherweise sind Sie schon darauf gekommen: Der Fehler liegt einfach darin, dass man noch einmal auf die Klette eingeht. Tun

Sie's nicht, gehen Sie auf keinen Fall nochmals auf das Thema ein, auch wenn die Versuchung groß ist. Bleiben Sie freundlich, aber standhaft und gehen Sie nicht auf das Thema ein, sondern vertagen Sie auf unbestimmte Zeit:

»Jaja, klar, du musst los, ich weiß schon, aber warum hat der Chef das denn jetzt gesagt?«

»Tja, gute Frage, das sollten wir mal klären. Lass uns ein andermal darüber reden! Wir sehen uns!«

»Ja, klar, machen wir, aber wann hast du denn Zeit? Wir könnten doch …«

Und nun schon im rückwärts Weggehen und mit einem freundlichen Lächeln: »Wir reden drüber, ganz bestimmt. Auf bald!« Und Abflug!

Gut, das kostet ein wenig Überwindung – aber das bisschen Überwindung ist immer noch besser als 20 Minuten festgeklettet zu leiden! Positiv dabei ist, dass die Klette Ihnen danach nicht böse ist. Sie möchte nur reden, und das haben Sie immerhin mit ihr getan. Dafür ist sie schon dankbar. Die meisten Menschen sind nämlich nicht so höflich wie Sie und winken gleich ab: »Keine Zeit, keine Zeit!«

Wo kann man klatschen?

Sie ahnen vielleicht die Antwort: überall! Es gibt so gut wie keinen Ort der Welt, an dem nicht geklatscht würde, selbst in Kirchen, auf Beerdigungen und (ganz gehörig!) im Parlament. Und nirgendwo wird es als unschicklich empfunden. Vielleicht rümpft hier und da mal einer die Nase – doch dahinter steckt meist der pure Neid. Geklatscht werden kann an allen möglichen und unmöglichen Orten. Kreuzen Sie mal an, wo Sie im letzten Monat überall geklatscht haben:

- am Arbeitsplatz
- auf Firmenfluren
- im Aufenthaltsraum
- im Fahrstuhl
- im Treppenhaus
- im Firmenhof
- in der Fußgängerzone
- im Café, Restaurant
- am Stammtisch
- auf dem Parkplatz
- im Supermarkt
- vor, während oder nach der Sportstunde
- in der Sauna
- im Bett
- im Seminar
- vor, während oder nach Meetings
- in irgendwelchen Sekretariaten
- in fremden Büros
- in Amtsstuben
- auf dem Weg zur oder in der Kantine
- am Kiosk
- beim Zigarettenholen
- an Kassen von Läden
- beim Tanken
- beim Frisör, Bäcker, Metzger …
- in der Kaffeeecke oder -küche
- auf dem WC (bei Männern der sogenannte Pissoir-Klatsch)
- in der Straßen- oder S-Bahn, im Bus
- an der Haltestelle derselben
- am Telefon

○ beim Autofahren
○ im Sprechzimmer vom Arzt
○ im Waschsalon oder Waschraum

Wo stehen Ihre Kreuzchen? Und wo steht keines? Aha, da haben Sie im Handumdrehen einige bislang ungenutzte Klatschpotenziale aufgedeckt. Orte, an denen Sie sich manchmal aufhalten, aber nicht klatschen. Da entgeht Ihnen was! Arbeiten Sie die offenen Potenziale bei Gelegenheit ab.

Welches sind Ihre Lieblingsorte für Klatsch und Tratsch? An welchen Orten haben Sie den meisten Spaß (mit Tratsch!), wo erfahren Sie die nützlichsten Informationen? Welches sind die besten Karriere-Klatschorte?

Wo sollte man klatschen?

Es gibt Orte, an denen Schilder mit der Aufschrift »Hier Klatschpflicht!« hängen sollten. An diesen Orten muss ein Mensch einfach tratschen, der sein Leben leichter und erfolgreicher gestalten möchte. Zu diesen Orten und Gelegenheiten gehören unter anderem:

- Berufsgruppen-Stammtische (treten Sie spätestens jetzt mindestens einem bei!)
- Netzwerk-Veranstaltungen
- Business Dinners
- Tagungen, Konferenzen
- Seminare, Trainings, Schulungen
- After Work Partys
- Kundenveranstaltungen
- Meetings mit hohen Hierarchen (bei denen Sie protokollieren oder sonst irgendwie reinschlüpfen können)

- Kamingespräche mit wichtigen Personen
- Empfänge, Vernissagen

Es gibt Menschen, die gehen nur und ausschließlich wegen des Klatsches auf solche Veranstaltungen. Das zeugt von überragender Netzwerk-Kompetenz (siehe Kapitel 7, Seite 212 ff.). Denn auf diesen hochkarätig besetzten Veranstaltungen kommen Sie an Informationen und Kontakte ran, die bares Geld wert sind.

Mit wem sollte man klatschen?
Die meisten Menschen haben ihre festen Klatschpartner. Mit wem klatschen Sie denn so im Laufe einer Woche? Überlegen Sie mal. Sie dürfen Ihre kleine Liste ruhig hier an den Buchrand kritzeln. Fällt Ihnen etwas auf? Es fallen jene Gesprächspartner auf, mit denen Sie *nicht* klatschen! Bei den meisten Menschen sind das:

- Ranghöhere, Vorgesetzte, Topmanager
- unsympathische Zeitgenossen
- schweigsame, zurückgezogene Menschen
- schwierige Kunden
- Kinder (ja, auch mit denen kann man klatschen)
- Eltern (mit denen sollte man dringend klatschen – das erleichtert vieles)
- Angehörige von anderen Abteilungen im Betrieb
- Angehörige von Berufsgruppen, die der eigenen Wertschöpfungsstufe vor- oder nachgelagert sind (interne/externe Lieferanten und Kunden)
- Angehörige verfeindeter Fraktionen
- Angehörige des anderen Geschlechts

Die meisten Menschen pflegen ganz unbewusst Klatschkontakt lediglich innerhalb ihres hermetischen Klatschclubs. Das ist sehr unterhaltsam – für den Klatschamateur. Der Klatschprofi klatscht zwar auch mit seinen Kollegen, Freunden, Verwandten und Vertrauten. Er klatscht jedoch zusätzlich mit Menschen, die außerhalb seines normalen Dunstkreises liegen. Warum? Weil man von diesen in der Regel Informationen und Einblicke bekommt, die man im gewöhnlichen Dunstkreis eben nicht gewinnen kann.

Klar, es kostet etwas Courage, als kleiner Angestellter den Big Boss anzuquatschen, wenn der über den Hof läuft. Doch diese kleine Investition zahlt sich mit hoher Wahrscheinlichkeit aus. Verkäufer, die sich mit ihren Kunden auch auf ein Schwätzchen außerhalb der Produktberatung einlassen, sind bis zum Zehnfachen erfolgreicher als ihre Kollegen, die sich rein »aufs Geschäftliche« beschränken. Leuchtet ein, oder? Wen sollten Sie demnächst anklatschen, der bislang auf Ihrer Tanzkarte fehlt? Füllen Sie Ihre Portfolio-Lücken!

Wie kommt man ins Gespräch?

Obwohl wir im Kommunikationszeitalter leben, täglich fünf Zeitungen lesen und fünfhundert TV-Kanäle konsumieren können, Radio hören, im Netz surfen und SMS verschicken, dass der Daumen qualmt, ist das immer noch eine der am häufigsten gestellten Fragen. Viele Menschen würden so gerne auch mit fremden, hochrangigen oder stillen Menschen klatschen – doch sie trauen sich nicht!

Warum nicht? Nicht, weil sie nicht mutig genug wären (was viele vermuten), sondern weil sie sich keinen Gesprächseinstieg überlegen. Menschen, die in einen Raum voller fremder Leute kommen und sofort mit dem Nächststehenden zu quatschen beginnen, sind nicht etwa mutiger, eloquenter oder im verhaltensbestimmenden Sinne extravertierter. Sie haben lediglich einen Gesprächseinstieg parat, den sie ins Gespräch werfen. Das kann wirklich alles sein: vom Wetter über die politische Lage bis zum Kleid der Chefsekretärin.

Für einen Gesprächseinstieg kommt es nicht darauf an, wie intelligent, ausgefallen, spritzig oder charmant er ist – obwohl das immer noch viele meinen. Deshalb lassen sich viele davon abhalten, mit Fremden zu klatschen. Sie suchen den perfekten Einstieg – und bis sie ihn gefunden haben, ist die Gesprächsgelegenheit vorüber. Eine edle Form der Selbstsabotage. Es kommt jedoch überhaupt nicht darauf an, wie geistreich der Klatscheinstieg ist, sondern lediglich darauf, dass er gemacht wird und Sie danach flexibel auf den Partner eingehen. Nehmen wir schlimmstenfalls an, Sie steigen mit einem lästernden Spruch über die Regierung ein und der Gesprächspartner erweist sich als Mitglied der regierenden Partei – mitten im Klatschgespräch ist so was peinlich. Doch beim Klatschstart wertet das niemand als Fauxpas, sofern Sie danach sofort auf den Gesprächspartner eingehen: »Oh, das wusste ich nicht (keine Entschuldigung! Beim Klatsch ist das nicht nur unnötig, sondern zu formal!). Was halten Sie denn vom aktuellen Reformprogramm?«

Erkennen Sie das? Das ist ein maßgeschneiderter Steilpass (siehe auch Kapitel 4, Seite 152), den Ihr Gesprächspartner sofort begeistert aufnehmen und nun seinerseits lästernd über die Opposition klatschen wird. Tada! Das Manöver ist gelungen, Sie sind im Klatschgespräch!

Also überlegen Sie sich einen, besser drei klatschhafte Einstiege, werfen Sie den ersten in die Runde und gehen Sie danach flexibel auf die Erwiderung des Partners ein. Und seien Sie nicht enttäuscht, wenn Sie eine Niete ziehen und Sie mit dem anderen einfach nicht warm werden. Dann steigen Sie höflich aus dem Gespräch aus und gehen zum nächsten Klatschpartner.

Wie bleibt man im Gespräch?

Das ist die interessantere Frage – leider wird sie viel zu selten gestellt. Die meisten Menschen interessieren sich mehr für die vorangegangene Frage: Wie kommt man ins Gespräch? Wie einfach das ist, haben wir eben gesehen. Viel schwieriger ist es, im Gespräch zu bleiben. Nicht, weil es an sich schwierig wäre, sondern weil die meisten Menschen sich und dem Gespräch unabsichtlich ein Bein stellen.

Nehmen wir den Einstieg von eben: Einer lästert über die Regierung. Wenn der andere gleicher Meinung ist, wird das ein wunderbares Klatschgespräch. Wenn nicht, wandeln sich die meisten Klatschgespräche recht schnell und unerquicklich zum Streitgespräch. Jeder versucht, den anderen von seiner Meinung zu überzeugen, die Meinung des anderen zu entwerten, seine eigene Meinung durchzusetzen. Hinterher fühlen sich zwangsläufig beide mies, das Gespräch lief schief. Warum? Weil die eigene Meinung dazwischenkam.

Die eigene Meinung ist sehr hinderlich, wenn man zwanglos plaudern möchte. Natürlich darf und soll man eine haben – doch man sollte dem anderen auch seine Meinung lassen. Natürlich sollte man im Leben gegebenenfalls seine eigene Meinung auch standhaft vertreten können – doch wenn man das reflexhaft und immer macht, kommt kein vernünftiges Klatschgespräch zustande und man erwirbt sich den Ruf: »Mit dem kann man sich nicht unterhalten!« Warum? Weil er nicht klatschen kann. Ständig versucht er, seine Meinung durchzudrücken.

Wie bei vielen Dingen im Leben macht auch hier die Einstellung den Unterschied. Wenn Sie ein Klatschgespräch führen, nehmen Sie sich bewusst vor, den anderen gelten zu lassen, ihm nicht in die Parade zu fahren, nicht zu missionieren, zu überzeugen oder zu überreden. Wenn in unserem Beispiel der Gesprächspartner nun mal große Stücke auf die Regierung hält, obwohl diese in der Wählergunst fast auf die Fünf-Prozent-Schwelle abgesackt ist – soll er doch! Damit ist das eben seine Meinung!

Ihre eigene, konträre Meinung sollte Ihnen nicht ein gutes Klatschgespräch kaputtmachen. Denn wenn Sie nur mit jenen Menschen klatschen (können), die Ihrer Meinung sind, werden Sie rasch recht einsam sein. Pikanterweise sind das sehr viele Menschen, ohne genau zu wissen, warum. Sie sagen: »Mit dem kann ich einfach nicht, sie versteht mich nicht und dieser da hat doch sowieso keine Ahnung!« Nein, daran liegt es nun wirklich nicht. Es liegt schlicht daran, dass eine Grundvoraussetzung für Kommunikation im Allgemeinen und Klatsch im Besonderen die Achtung der Meinung des Andersdenkenden ist.

Die richtige Einstellung für Klatsch ist: »Wir klatschen hier nur nett. Nichts Ernsthaftes. Wenn der andere behauptet, die Erde sei eine Scheibe, prima! Dann klatschen wir eben eine Weile darüber und wechseln dann zu einem Thema, das mir mehr liegt – und von dem der andere möglicherweise genauso viel hält wie ich von seinem Scheibenargument!« Manche Menschen haben mit dieser Einstellung, so gesprächsfördernd sie ist, ihre Probleme. Sie können eine Meinung, die sie für falsch halten, einfach nicht stehen lassen. Solchen Menschen hilft schon, sich zu vergegenwärtigen, dass fremde Meinungen eben nicht *falsch denken*, sondern lediglich *anders* sind. Im Klatschgespräch geht es eben nicht um Tatsachen, sondern um Meinungen – und die kann man ruhig mal stehen lassen, auch wenn sie sich nicht mit der eigenen decken. Das nennt man übrigens Toleranz. Klatsch ist eine schöne Übung in Toleranz.

Klatschen wir nicht zu viel?

Eine sehr intelligente Frage. Wie Kommunikationsforscher herausgefunden haben, sind 80 bis 90 Prozent der Alltagsgespräche mehr oder weniger Klatsch. Schlägt man Zeitschriften auf oder schaut TV, dann quillt einem der Klatsch nur so entgegen. RTL2 hat Klatsch und Tratsch sogar offiziell in seine 20-Uhr-Nachrichten aufgenommen – man denke! Vor 30 Jahren wäre das in einer »seriösen« Nachrichtensendung noch undenkbar gewesen. Der Haken daran ist lediglich: Die Mutter fühlt sich überfordert mit dem Haushalt und den Kindern, der Vater hat Ärger mit dem Boss, der Kleine hat Lernschwierigkeiten und die Tochter bändelt gerade mit einem stadtbekannten Hell's Angel an – aber darüber redet man nicht, man klatscht lieber!

Auf den ersten Blick ist Klatsch der Intimfeind echter, persönlicher Kommunikation. Leider trügt, wie so oft, der erste Blick. Man muss kein Einstein sein, um zu erkennen: Wenn wir alle sofort mit Klatschen aufhören würden, würden wir keine Minute *zusätzlich* in offene, tiefschürfende und persönliche Gespräche stecken. Im Gegenteil! Das große Schweigen bräche aus.

Tatsächlich ist es genau umgekehrt: Klatsch ist nicht der Feind tiefschürfender Kommunikation, sondern leider oft die letzte verbliebene gemeinsame Kommunikationsmöglichkeit. Würden wir aufhören zu klatschen, würden wir über den Austausch sachlich-fachlicher Notwendigkeiten hinaus (Termine, Geld, Einkauf...) mehr oder weniger aufhören, miteinander zu reden!

Dass wir verlernt oder nie gelernt haben, wie man mit nächsten Angehörigen oder guten Freunden ein persönliches Gespräch führt, können wir, wenn wir fair sind, nicht dem Klatsch anlasten. Die tiefe Sprach- und Verständnislosigkeit unserer modernen Zeit hat andere Gründe. Gründe, die interessanterweise gesellschaftlich tabuisiert sind. Oder haben Sie Politiker, Professoren, Journalisten oder Bekannte jemals darüber klagen hören, dass sich Väter und Söhne, Mütter und Töchter, Lehrer und Schüler einfach nicht verstehen und im Grunde kein vernünftiges Wort miteinander wechseln können? Das ist eines der größten Tabus unserer modernen, sprachlosen Gesellschaft – aber das ist ein anderes Thema.

Tatsächlich ist in dieser modernen Sprachwüste Klatsch eine der wenigen noch verbliebenen Oasen (eine andere ist der Small Talk). Ein Seminarteilnehmer spricht für viele, wenn er erzählt: »Mein Vater hat nie verstanden, warum ich diesen Beruf gewählt habe, und ich habe nie verstanden, dass er so stockkonservativ ist. Über Persönliches reden wir nicht mehr miteinander. Wenn wir nicht die Bundesliga hätten, würden wir überhaupt nicht mehr miteinander reden. Der Klatsch über den aktuellen Spieltag ist so ziemlich das Einzige, was uns über die sachlichen Notwendigkeiten hinaus verbindet.« Da kann man nur sagen: Weiterklatschen!

Verleumdung musst du frech betreiben,
es wird schon etwas haften bleiben!
Sprichwort

6 Giftspritzen und Dreckschleudern

Jetzt wird's hässlich

Wenn Sie sich bis hierher mit jeder umgeblätterten Buchseite immer mehr über die vielen positiven Seiten von Klatsch und Tratsch gefreut haben, dann halten Sie sich fest: Jetzt wird's hässlich.

Jetzt wenden wir uns nämlich der dunklen Seite von Klatsch und Tratsch zu. Auch diese Seite gibt es. Es wäre unsinnig, sie zu verdrängen. Genau das machen aber viele Menschen. Sie sagen: »Ich klatsche nicht. Denn ich möchte auch nicht, dass über mich geklatscht wird!« Eine noble Einstellung – leider jedoch auch eine schädliche Einstellung. Ungefähr so schädlich wie die Armbanduhr abzulegen, um Zeit zu sparen. Das funktioniert nicht! Denn über Menschen, die kategorisch nicht klatschen, wird natürlich am meisten geklatscht. Kein Wunder, sie bieten ja auch die breiteste Angriffsfläche für eine Vielzahl von Spekulationen à la: »Warum redet der nicht mit uns? Kennt der nichts anderes als die Arbeit? Der ist wohl total verklemmt! Oder denkt der gar noch, er sei etwas Besseres?«

Klatschabstinenz kann nicht verhindern, dass über Sie geklatscht wird. Im Gegenteil. Sie provoziert geradezu Klatsch, leider auch Klatsch der übelsten Sorte. Es ist okay, wenn Sie eine Abneigung gegen Klatsch und Tratsch haben. Doch diese Abneigung damit zu begründen, dass Sie Klatsch über sich verhindern möchten, ist absoluter Selbstbetrug. Sie müssen nicht unbedingt klatschen. Aber Sie sollten sich jedoch auch nichts vormachen.

Die meisten Menschen, die nicht klatschen, um nicht selbst beklatscht zu werden, erliegen übrigens einem Missverständnis: Sie halten Klatsch für etwas Schlimmes, weil sie lediglich auf den bösen Klatsch, die üble Nachrede, achten. Dass der meiste Klatsch harmlos bis nützlich ist, haben sie noch nicht realisiert. Wenn Sie also eine Abneigung gegen Klatsch verspüren, sollten Sie zunächst einmal prüfen, ob Ihre Wahrnehmung nur auf negativem Klatsch beruht. Im Lichte dieser Erkenntnis erledigt sich die Klatschabneigung nämlich meist von selbst.

Böser Klatsch? Vergessen Sie's!

Sie können auch durch strikteste Klatschabstinenz nicht verhindern, dass über Sie geklatscht wird. Solange Sie leben, wird irgendjemand irgendwo irgendetwas über Sie klatschen. Auch jetzt, auch in diesem Moment, während Sie diese Zeilen lesen. Das stellt Ihnen die Nackenhaare auf? Dann vergessen Sie es einfach. Ohne Witz. Halten Sie sich an den alten Spruch: Was ich nicht weiß, macht mich nicht heiß. Dieser Spruch scheint geradezu für die Behandlung von Klatsch und Tratsch erfunden worden zu sein.

Denn tatsächlich ist Vergessen eines der besten Gegenmittel für den Klatsch, der über Sie erzählt wird. Das, was über Sie geklatscht wird, kann Sie tatsächlich völlig kaltlassen. Denn der Klatsch über Sie hebt sich erstens meist gegenseitig auf. Die einen Klatschmäuler halten Riesenstücke auf Sie, während die anderen nur über Ihre Schwächen klatschen. Summa summarum hebt sich das auf. Es macht also keinen Sinn, sich darüber aufzuregen. Zweitens ist eine der Definitionen von Klatsch und Tratsch doch gerade: irrelevantes Zeug, das keinerlei Auswirkung auf die tatsächliche Welt hat. Das heißt: Sie müssen nicht wissen, was alles über Sie geklatscht wird – weil es sowieso keinen Unterschied macht!

So ist Klatsch nun mal: größtenteils sachlich irrelevant, einfach nur unterhaltend. Also vergessen Sie's. Was Sie nicht wissen, macht Sie nicht heiß. Wovon Sie nichts wissen, darüber sollten Sie sich auch nicht den Kopf zerbrechen. Sie sollten lediglich dafür sorgen, dass das, was man über Sie erzählt, nur das Beste ist.

Klatsch & Tratsch

»Man darf das Gras nicht wachsen hören, sonst wird man taub.«

Gerhard Hauptmann

Nur das Beste über Sie

Die meisten Menschen glauben, dass sie nicht beeinflussen können, was über sie geklatscht wird. Da sieht man mal wieder, in welch ungebildeten Zeiten wir leben. Wir können das

Atom spalten, aber wir können Hörensagen nicht beeinflussen? Das ist ja wohl ein Witz! Hörensagen lebt doch geradezu von der wechselseitigen Beeinflussung! Also nutzen Sie Ihren Einfluss. Nutzen Sie Klatsch und Tratsch zur Werbung in eigener Sache!

Tatsächlich ist Klatsch eine der wirksamsten imagebildenden Maßnahmen überhaupt. Er wirkt viel besser als offizielle Verlautbarungen (die meisten Manager und Politiker wissen das nicht). Denn die informelle Kommunikation hat deutlich mehr Glaubwürdigkeit. Also begeben Sie sich an die Orte des Klatsches (siehe Kapitel 5, Seite 174f.) und beeinflussen Sie, was über Sie geklatscht wird. Wie? Natürlich nicht, indem Sie vorhandenen Klatsch bekämpfen. Denn erstens wird man Ihnen Negatives über Ihre eigene Person nicht ins Gesicht sagen und zweitens funktioniert das Dagegenreden bei Klatsch nicht (siehe Abschnitt »Keine Dementis!«, Seite 188ff.).

Nein, die Beeinflussung von Klatsch und Tratsch in eigener Sache ist viel einfacher. Fragen Sie sich einfach: Wenn schon nicht zu vermeiden ist, dass über mich geklatscht wird, *was* soll dann über mich geklatscht werden? Und dann geben Sie diese Wunschbotschaft klatschend in die jeweiligen Klatschzirkel. Verena zum Beispiel sagt: »Ich möchte, dass ich hier in der Abteilung auch mal für die großen Projekte eingesetzt werde. Also erzähle ich öfters beiläufig herum, was ich alles in meinen kleinen Projekten stemme.« Das ist doch total durchsichtig! Funktioniert das denn überhaupt? Und wenn ja, warum?

Menschen glauben, was sie hören

Nach einer der letzten Tankerkatastrophen führte der verantwortliche Ölkonzern Meinungsumfragen durch. Wegen der Negativschlagzeilen war sein Image in den Tagen direkt nach der Katastrophe katastrophal. Dann startete er eine Werbekampagne, die in krasser Abweichung von den Tatsachen einfach nur die Message verbreitete: »Alles halb so schlimm!« Kein Mensch erwartete, dass die Öffentlichkeit diese offensichtliche Lüge glauben würde.

Die Meinungsumfragen nach der Kampagne schockierten selbst Werbeexperten: Allein dadurch, dass die Menschen im Radio, im TV, in Zeitungen und Zeitschriften die verlogene Botschaft tagtäglich aufnahmen, schwenkte die öffentliche Meinung um. Pikanterweise bei Akademikern, denen man eigentlich eine kritische Intelligenz zugestehen würde, viel stärker als bei Handwerkern und Arbeitern (die sowieso »denen da oben« tendenziell skeptisch gegenüberstehen). Menschen glauben offensichtlich nicht das, was wahr ist, sondern was sie oft genug zu hören kriegen. Es kommt nicht auf die Wahrheit, sondern auf die Wahrnehmung an. Wir lernen daraus: Wenn Sie beeinflussen möchten, was über Sie geklatscht wird, klatschen Sie einfach nur oft genug darüber!

Was soll über Sie gesagt werden?

Sie können beeinflussen, was über Sie geklatscht wird. Was soll über Sie geredet werden? Wählen Sie Themen und Tendenz und klatschen Sie dann einfach recht oft und mit den entsprechenden Ansprechpartnern darüber! Je öfter, desto stärker beeinflussen Sie den Klatsch über sich selbst. So einfach ist es, sich ein gutes Image zu verschaffen. Und weil das so einfach ist, machen das auch viele Menschen, vor allem Männer, falsch: »Ich bin halt einfach ein super Projektleiter!« Falsch. Das ist kein Klatsch, das ist Angeberei, die imageschädigend wirkt. Danach gilt man nicht als Projektprofi, sondern als doofer Angeber.

Geben Sie nicht an, protzen Sie nicht mit Erfolgsstorys, sondern erzählen Sie ganz sachlich von jenen Dingen, von denen Sie möchten, dass sie über Sie klatschend verbreitet werden. Wie Verena. Die erzählt immer mal wieder ganz sachlich und ohne jede Angeberei über die Fortschritte in ihren laufenden Projekten und die komplexen Maßnahmen, die sie dabei ausführt. Und obwohl sie »bloß« Teamassistentin ist, hat ihr der Boss letzten Monat ein dickes Projekt anvertraut mit der Begründung: »Die Verena hat ja inzwischen so viel Erfahrung mit Projekten.« Nein, hat sie nicht. Nicht annähernd so viel wie einige andere Kollegen. Doch sie redet viel mehr darüber als diese Kollegen, weshalb auch viel mehr über sie und ihre Projekterfahrung geklatscht wird: Klatsch fördert die Karriere! Wie das im Detail funktioniert, betrachten wir eingehend in Kapitel 8.

Die Moral von der Geschichte: Das, was über Sie geklatscht wird, können Sie sehr stark selbst beeinflussen. Wenn Menschen das Falsche über Sie klatschen, dann haben Sie einfach vergessen, die Klatschfische mit dem richtigen Futter zu füttern!

Keine Dementis!

Das Gute, das über Sie geklatscht wird, können Sie, wie eben gesehen, aktiv selbst beeinflussen. Das Böse, das über Sie geklatscht wird, können Sie dagegen nicht immer vollständig verhindern. Schandmäuler gibt es überall. Sie richten in der Regel keinen Schaden an – es sei denn, Sie reagieren falsch auf üble Nachrede.

Vielleicht erinnern Sie sich noch an einen kleinen, dicken Bundesminister, der einen Millionenbetrag für eine Werbekampagne ausgab, die das Motto führte: »Eines ist sicher: die Rente!« Die Kampagne löste einen Schock in weiten Teilen der Bevölkerung aus: »Meine Rente ist futsch! Wenn die Politiker schon behaupten müssen, dass sie sicher ist, ist das doch sicher auch gelogen!« Der Minister war und ist auch heute noch fachlich ein Ass. Politisch hat er sich dagegen mit besagter Kampagne ein Eigentor geschossen. Denn er hat gegen ein zentrales Gebot der Rhetorik verstoßen: Keine Dementis! Dieses Gebot kannte übrigens schon Epiktet, der griechische Philosoph – das war vor rund 2000 Jahren!

Klatsch & Tratsch

»Wenn dir jemand hinterbringt, dass der oder jener gehässig über dich spricht, so verteidige dich nicht gegen dessen Behauptung, sondern antworte: Er wusste wohl die anderen Fehler nicht, die mir noch anhaften, sonst hätte er nicht bloß diese angeführt.«

Epiktet

Die kesse Erwiderung auf bösen Klatsch, die Epiktet am Ende des Zitats anführt, ist vielleicht nicht jedermanns Sache: »Ätsch, ich habe noch viel schlimmere Fehler – die hat das Klatschmaul doch glatt übersehen!« Aber die Empfehlung, die er zu Beginn seiner Äußerung ausspricht, ist so allgemein gültig, dass man sich fragen muss, warum ausgerechnet viele Politiker sie nicht kennen: Verteidige dich nicht! Warum nicht? Weil das offensichtlich nichts hilft! Der andere glaubt einem ganz einfach nicht! Das verleitet wenig intelligente Menschen zur Klage: »Warum glaubt mir denn der andere nur nicht?«

Eine blöde Frage für alle, die wissen, dass ein Dementi wie der Versuch ist, Zahnpasta wieder in die Tube zurückzudrücken: Das klappt nicht!

Provokation statt Dementi

Das, was Sie dementieren, verstärken Sie mit dem Dementi nur noch! Mit jedem Dementi wird der Unfug, der über Sie verbreitet wird, noch stärker! Je mehr Sie etwas bestreiten, desto eher sind Klatschmäuler davon überzeugt, dass etwas Wahres an dem Klatsch dran sein muss – nach dem Motto: »Getroffene Hunde bellen!«

Gute Lehrer wissen das. Junge Lehrer beklagen sich oft darüber, dass man ihnen vorwirft: »Ihr habt einen lockeren Job! Zwölf Wochen Urlaub im Jahr! Und der Unterricht ist doch auch immer derselbe! Ihr kriegt euer Geld für nichts!« Je mehr Junglehrer diesen bösen Klatsch dementieren und auf die vielen Klausuren, die Vor- und Nachbereitung des Unterrichts oder den Stress mit schwer erziehbaren Kids verweisen, desto eher klingt das nach lahmer Ausrede und Rechtfertigung. Die Franzosen wissen das schon lange.

Klatsch & Tratsch

Qui s'excuse, s'accuse.
(Wer sich rechtfertigt, klagt sich an.)
Französisches Sprichwort

Gewitzte Altlehrer haben eine wunderbare Masche, den bösen Klatsch über ihren Berufsstand zu zerstreuen. Udo zum Beispiel schmunzelt dabei und sagt freundlich lächelnd: »Klar habe ich einen lockeren Job! Anstatt zum Beispiel stundenlang Klausuren zu korrigieren, würfle ich die Noten einfach aus. Nachmittags bin ich im Sommer grundsätzlich im Freibad! Und lernschwache Schüler ignoriere ich einfach!« Da selbst das übellaunigste Klatschmaul weiß, dass das nicht stimmt, verstummt der böse Klatsch meist schnell. Wie nennt man Udos Kniff? Provokante Übertreibung. Man nimmt einfach das Argument des Klatschmauls auf und übersteigert es derart, dass sich seine Lächerlichkeit von selbst entlarvt. Und nichts demontiert Klatsch schneller, als ihn der Lächerlichkeit preiszugeben.

Prophylaxe statt Dementi

Die provokante Übertreibung ist eine Möglichkeit, Bösklatsch zu entschärfen. Eine andere ist das prophylaktische Verbreiten des positiven Gegenteils. Udo stöhnt zum Beispiel oft: »Gestern bin ich wieder bis Mitternacht an den verdammten Korrekturen gesessen. Ich kann die Arbeiten der Schüler ja nicht einfach querlesen. 20 Minuten pro Schüler sind das Mindeste, was ich der Sorgfalt schuldig bin!« Und je öfter er bei taktisch klug gewählten Gelegenheiten (viele Zuhörer, viele Giftspritzen darunter!) klagt und stöhnt, desto weniger behauptet der Klatsch, dass Udo einen lockeren Job hat (den er seiner Ansicht nach übrigens tatsächlich hat; er ist Französischlehrer). Über Udo wird vielmehr geklatscht: »Das ist noch ein Lehrer, der sein Beamtengehalt wert ist. Die anderen liegen doch alle auf der faulen Haut!«

Schandmäuler zur Brust nehmen

Neben provokanter Übertreibung und prophylaktischer Gegendarstellung (siehe oben) gibt es eine dritte Möglichkeit, mit der Sie bösem Klatsch den Wind aus den Segeln nehmen können: Nehmen Sie das Klatschmaul zur Brust!

Wer gut gepflegte Beziehungen unterhält (siehe Kapitel 7, Seite 216f.), findet durch gezieltes Nachfragen bei den Kolporteuren des Klatsches schnell heraus, woher der Klatsch kommt. Die einfachste Frage dafür ist: »Woher haben Sie denn diesen Klatsch?« Stellen Sie nur ausreichend vielen Menschen diese Frage, können Sie den wahrscheinlichen Klatschurheber wie bei einer Rasterfahndung zuverlässig einkreisen. Haben Sie das getan, fühlen Sie dem Schandmaul auf den Zahn. Aber: Immer nur unter vier Augen! Schmutzige Wäsche sollten Sie nie in der Öffentlichkeit waschen.

Viele Menschen begehen diesen Fehler. Sie knöpfen sich das Schandmaul coram publico, vor einer Zuhörerkulisse, vor. Der Hintergedanke ist klar: Es soll Tribunal über das Schandmaul gehalten werden. Leider geht das in den meisten Fällen voll in die Hose, weil Sie niemals mit Sicherheit beeinflussen können, welche Partei die Zuhörer ergreifen werden. Obwohl es geradezu unerhört ist, werden von zehn Zuhörern immer mindestens drei für das Schandmaul und seine Position Partei ergreifen. Dann erreichen Sie mit Ihrem Tribunal das Gegenteil: Sie verstärken damit den Klatsch über Sie, den Sie eigentlich aus der Welt schaffen wollten!

Schandmäulern auf den Zahn fühlen

Wenn Sie den Urheber von bösem Klatsch identifiziert haben, fühlen Sie erst einmal vor, bevor Sie grob werden. Denn immerhin handelt es sich bei vielen Klatschangelegenheiten um schlichte Missverständnisse. Bleiben Sie bewusst zurückhaltend und sachlich und fragen Sie: »Ich habe gehört, Sie verbreiten, dass ich… Wie kommen Sie dazu?« Vorsicht! Die Formulierung »Wie kommen Sie zu dieser Behauptung?« enthält einen versteckten Vorwurf und eskaliert unweigerlich das Gespräch. Sie möchten jedoch (noch) keine Eskalation, sondern erst mal eine Klärung. Also bleiben Sie sachlich. Verkneifen Sie sich mit einer bewussten Anstrengung eine Vorverurteilung des Klatschmauls. In dubio pro reo – bis zur bewiesenen Schuld ist jeder Verdächtige als unschuldig zu behandeln. Das gilt auch beim Klatschen.

Eine gute Frage ist auch: »Warum haben Sie das gesagt?« Denn sie entlarvt das eigentliche Motiv hinter der üblen Nachrede. Oft kommt dabei heraus: Der andere hat sich nichts dabei gedacht. Dann ist er meist der Erste, der das einsieht und sich entschuldigt oder zumindest künftig den Mund hält. Hat er sich doch etwas dabei gedacht, ist sein Motiv in der Regel persönlicher Art: Er fühlte sich von Ihnen auf die Füße getreten, ungerecht behandelt und wollte sich per üblem Klatsch einfach revanchieren. Dann räumen Sie den Gegenstand Ihres latenten Zwistes aus. Unter Erwachsenen sollte man stets versuchen, vernünftig miteinander zu reden.

Sie halten es für eine unzumutbare Unverschämtheit, dass jemand Unwahres über Sie klatscht und Sie die Suppe dann auslöffeln müssen, indem Sie ein klärendes Gespräch mit dem Klatschmaul führen? Da haben Sie recht: Anstrengung kostet das schon. Leider ist die Alternative äußerst unattraktiv: Wenn Sie sich das Klatschmaul nicht zur Brust nehmen, klatscht es munter weiter! So ist das Zusammenleben mit Menschen nun mal: Ab und an muss man einen oder auch zwei Schritte auf den anderen zugehen, sich um des lieben Frieden willens über das normale Maß hinaus mit ihm abgeben, seine Schnitzer ausbügeln. Das beruht auf Gegenseitigkeit: Sie selbst sind sicher auch kein Kind von Traurigkeit oder gar ein perfekter Heiliger. Also tun Sie dem anderen den Gefallen und vertrauen Sie darauf, dass ein anderer den Gefallen irgendwann erwidern wird.

Wenn einer nicht vernünftig mit sich reden lässt

Lässt ein Lästermaul nicht vernünftig mit sich reden oder ist einfach nur dumm oder gemein, dann – und erst dann – dürfen und sollen Sie die dicke Keule herausnehmen und ihm kräftig eins überbraten. Treten Sie ihm mit Anlauf auf die ungewaschenen Füße. Sprechen Sie einen klaren Verweis aus. Hart und unerbittlich, zum Beispiel: »Was Sie gemacht haben, ist unmoralisch. Ich erachte das als persönlichen Angriff und als Rufmord. Sie werden nie wieder etwas Ähnliches über mich verbreiten und Sie werden mir keinen Anlass geben, nochmals mit Ihnen über diese oder eine ähnliche Angelegenheit zu reden.« Danach machen Sie auf dem Absatz kehrt und lassen den Schmutzfink mit offenem Mund stehen. Gehen Sie auf gar keinen Fall auf seine Erwiderung ein – das artet nämlich schnell zum Zwist aus, und das wollen Sie nicht!

Hört sich ganz einfach an? Ja, kriegen die meisten Menschen jedoch nicht hin. Warum? Weil sie zum Beispiel drohen: »Wenn Sie das noch einmal machen, werden Sie was erleben!« Das ist Quark. Das erreicht das Gegenteil der beabsichtigten Wirkung: Der Schmutzfink fühlt sich herausgefordert herauszufinden, was er dann erleben kann. Außerdem sprechen viele Menschen leere Drohungen aus: »Wenn Sie so was nochmals behaupten, hören Sie von meinem Anwalt!« Der Schmutzfink klatscht danach wieder übel, kein Anwalt trabt an – damit öffnet man einer wahren Schmutzlawine Tür und Tor! Daher: Sprechen Sie nur solche Drohungen aus, die Sie innerhalb eines Tages wahr machen können und vor allem auch wollen! Am besten jedoch ist es, auf Drohungen ganz zu verzichten und lediglich ein Verbot auszusprechen: »Machen Sie das nie wieder!«

Dieser Verweis reicht meist aus, um Giftspritzen den Hahn abzudrehen. Denn Klatsch soll unterhalten – und wenn eine Klatschtante Ärger kriegt, ist der Unterhaltungswert für sie kaputt. Also sucht sie sich ein anderes Klatschthema. Tut sie das nicht, wiederholen Sie einfach Ihr Verbot. Manchmal brauchen Menschen mehrere Anstöße, bevor sie endlich ihr nachteiliges Verhalten ändern. Reagiert das Klatschmaul auch nach mehrmaligem Verweis nicht, verlassen wir das Thema Klatsch und betreten das Schlachtfeld des Mobbing (siehe Seite 206 f.).

Rache ist sauer

Wenn böse über Sie geklatscht wird, sollten Sie sich revanchieren? Sollten Sie das Schandmaul per Retourkutsche so richtig durch den Kakao ziehen? Auge um Auge, Zahn um Zahn? Die Versuchung ist natürlich groß. Immerhin ist man stinksauer, wenn man hört, wer welche Horrorstorys über einen erzählt. Viele Menschen geben dieser Versuchung nach – und eskalieren die Situation damit. Leider verbessert eine Eskalation niemals eine Situation. Außerdem begibt man sich mit einer Retourkutsche auf das Niveau des Schandmauls – und das schadet dem eigenen Ruf immer (ganz davon abgesehen, dass man sich nicht wirklich wohl bei einer Schmutzkampagne fühlt).

Mit gleicher Münze zurückzahlen schadet nur. Viel besser ist, sich einer feineren Klinge zu bedienen: Souveränität. Wie das Sprichwort sagt: »Wenn du deinen Feind siehst, grüß ihn freundlich und lass ihn zieh'n!« Geben Sie Ihren Rachegelüsten nicht nach, sondern strafen Sie das Schandmaul mit Nichtachtung. Das heißt nicht, dass Sie sich verkriechen sollen, was leider viele Opfer von Schandmäulern tun. Dann hat der Schmutzfink schon gewonnen. Nein, zeigen Sie Präsenz, Stärke und Gelassenheit. Zeigen Sie der Giftspritze: Du kannst mir nicht! Oder wie ein großer deutscher Komiker mal sagte: »Was schert es eine deutsche Eiche, wenn ein Schwein sich an ihr kratzt!« Den Spruch können Sie übrigens ruhig mal fallen lassen, wenn das Schandmaul in Hörweite ist. Jeder wird merken, auf wen der Spruch gemünzt ist. Ironie bekämpft Schmutzfinken weitaus besser als Rache.

Behalten Sie das Schandmaul im Auge. Senden Sie die nonverbale Botschaft: »Ich sehe, was du machst. Ich durchschaue deine Machenschaften.« Das bringt Schandmäuler weitaus schneller zum Verstummen als die offene Konfrontation, die den üblen Nachreder bloß aufwertet. Und: Seien Sie bloß nicht überempfindlich! Firmen, Vereine und Verwandtschaften sind nun mal Brutstätten für Klatsch. Rechnen Sie damit. Denken Sie immer daran: Über Mauerblümchen wird nicht geklatscht. Klatsch muss man sich erst verdienen. Über wen viel geklatscht wird, der ist auch bekannt und angesehen – und bringt es weiter im Leben (siehe Kapitel 8).

Anschwärzen

Wir haben immer wieder gesehen, wie wichtig Dampfablassen per Klatsch für die geistige Gesundheit jedes Menschen ist (siehe Kapitel 1, Seite 21). Dieses nützliche Psychohygiene-Mittel hat nur einen kleinen Haken: Viele Menschen verwechseln es mit Anschwärzen – und bemerken den Unterschied noch nicht einmal!

Nehmen wir zum Beispiel Sybille. Sie ist Service-Leiterin in einem Unternehmen der Elektroindustrie und kürzlich bei der Beförderung übergangen worden. Der Kollege, der ihr vorgezogen wurde, ist mit Sylvias Worten »ein inkompetenter Hanswurst!«, wie sie jedem erzählt, der ihr in den Wochen nach der großen Enttäuschung über den Weg läuft. Außerdem belegt sie ihr Urteil durch präzise Aussagen zu seiner (fehlenden) Kompetenz: »Jedes seiner Kundenprojekte ist bislang gescheitert, die komplette Verkaufsmannschaft Nord ist gegen ihn und von Marktstudien hat er nun überhaupt keine Ahnung. Und so was wird Verkaufsleiter! Unverantwortlich!«

Natürlich ist Sylvias Rage menschlich und verständlich.

Darüber hinaus sind ihre Kritikpunkte alle unerschütterlich: Der Kollege hat wirklich Kompetenzmängel. Trotzdem schießt sie mit ihrem Rache-Klatsch ein Eigentor. Denn Klatsch ist das schon lange nicht mehr; es ist üble Nachrede, schlichtes Anschwärzen. Hätte sie zum Beispiel gesagt: »Verdammter Mist, so eine elende Ungerechtigkeit! Eigentlich ist das meine Beförderung! Ich habe doch viel mehr drauf als der Kollege!«, dann wäre das ganz normaler Klatsch gewesen, bei dem sie sich hätte Luft machen können. Doch Sylvia klatscht nicht mehr, sie schwärzt bereits an. Die Urteile ihrer Vorgesetzten und Kollegen lauten darauf auch folgerichtig: »schlechte Verliererin«, »keifende Zicke«, »keine gute Teamspielerin«.

Bumerang-Klatsch

Wer andere klatschend anschwärzt, schießt damit ein Eigentor. Der Psychologe John Skowronski fand in einer Studie heraus: Das, was man anderen klatschend unterstellt, fällt auf den Klatscher selbst zurück! Der Spruch »Irgendwas wird schon hängen bleiben« bewahrheitet sich auf paradoxe Weise: Es bleibt am Klatschmaul hängen!

Psychologen erklären das damit, dass Menschen instinktiv das Phänomen der Projektion unterstellen. Es besagt: Was wir selbst an uns nicht leiden können, uns aber nicht eingestehen wollen, das werfen wir anderen vor. Das meint das Sprichwort, wenn es sagt: Wer andern eine Grube gräbt, fällt selbst hinein. Wer anderen zum Beispiel mangelnde Selbstorganisation vorwirft, sieht sich insgeheim, so unterstellt die Projektionstheorie, selbst als Schlamper, kann es sich aber nicht eingestehen!

Sylvia wirft dem beförderten Kollegen vor, dass er inkompetent ist und von vielen Kollegen abgelehnt wird – und genau das bleibt an Sylvia hängen. Mit ihrem bösen Klatsch drückt sie sich selbst den Stempel einer Zicke auf, die im Abseits steht. Sollte man deshalb diese Art von Klatsch bleiben lassen? Nein. Das würde auch gar nicht funktionieren; da würde es einige vor Frust schier zerreißen. Man sollte lediglich eine andere Form des Anschwärzens wählen.

Klatsch & Tratsch

»Sprich nie Böses von Menschen, wenn du es nicht bestimmt weißt, und wenn du es weißt, so frage dich: Warum erzähle ich es?«

J.C. Lavater

Anschwärzen: Fragen statt Behaupten

Wir haben schon mehrfach gesehen, dass Fragen bei Klatsch und Tratsch nützlicher sind als Aussagen. Für den Sabotage-Klatsch trifft dies in besonderem Maße zu. Wenn Sylvia *behauptet*, dass der ihr vorgezogene Kollege inkompetent sei, dann perlt das von ihm ab wie Wasser von Nagellack, bleibt aber via Zickenvorwurf an ihr hängen. Wenn sie dagegen seine Kompetenz *infrage stellt*, kriegt er die volle Breitseite ab, und sie steht blütenweiß da.

So macht es zum Beispiel Karl, der Innendienstleiter, der ebenfalls übergangen wurde. Beim üblichen Büroklatsch sagt er: »Ich freue mich für den Kollegen. Aber wer soll jetzt die Kundenprojekte koordinieren? Und was ist eigentlich mit dem Verkaufsteam Nord? Sind die noch immer strikt gegen ihn?« Karl stellt keine Behauptungen auf, sondern wirft Fragen auf, streut Zweifel und Skepsis. Diese Zweifel werden vom Klatschfunk viel stärker angenommen und verbreitet als Sylvias böse Behauptungen. Die Zweifel verbreiten sich im ganzen Betrieb. Karl bekommt seine Genugtuung, weil immer mehr Kollegen die Beförderung des Kollegen skeptisch kommentieren. Merke: Durch kluges Taktieren erreichen Sie mehr als durch plumpe Angriffe. Zweifel wirken beim Klatsch besser als plumpes Anschwärzen.

Vorsicht Schmutzfinken: Bitte nicht füttern!

Sie können noch etwas tun, um bösen Klatsch über sich selbst zu vermeiden: Schützen Sie vertrauliche Informationen!

Norbert zum Beispiel führt während der Arbeitszeit ein Telefonat mit seinem Börsenberater, und weil zwei Kollegen ungewollt mithören, geht schon bald das Gerücht: »Der Norbert hätte es gar nicht nötig, weiter zu arbeiten. Der macht Millionen mit Aktien!« Dabei hat er in besagtem Telefonat lediglich drei Aktien abgestoßen, die ihm 4000 Euro Verlust brachten. Sie können sich vorstellen, was sein Chef zu ihm sagte, als Norbert einige Wochen darauf im Mitarbeitergespräch eine Gehaltserhöhung ansprach …

Der Schutz von Vertraulichem betrifft vor allem auch Ihre E-Mails. Wenn Sie schon private E-Mails am Arbeitsplatz empfangen, dann tun Sie das auf keinen Fall über Ihre Mailadresse bei der Firma, sondern über eine Adresse bei einem externen Provider, die Sie vom Arbeitsplatz aus abrufen können! Denn manche firmeninternen IT-Experten geben offen damit an, dass sie selbst die E-Mails vom Vorstand aufmachen und lesen können! Das ist rechtlich zwar erlaubt, um Firmensabotage abzuwehren. Nicht in Ordnung ist jedoch, den Inhalt der geöffneten Mails dann auf Gängen und Fluren herumzuposaunen. Das ist zwar unmoralisch und illegal, doch den Schaden haben im Zweifelsfall Sie dabei.

Aus demselben Grund sollten Sie vertrauliche Schriftstücke niemals in den Papierkorb, sondern immer in den Reißwolf werfen: Auch unter Putzfrauen finden sich neugierige Menschen, die dankbar dafür sind, brisanten Klatsch direkt aus Ihrem Papierkorb in den firmenweiten Umlauf bringen zu können.

Wenn ich auf Firmenfluren unterwegs bin, wundere ich mich oft, welche brisanten Klatschgeschichten ich durch bloßes Vorbeigehen an offenen Bürotüren mitbekomme. Da glühen mir manchmal die Ohren! Einen erfahrenen Klatschpartner erkenne ich auch daran, dass er, sobald das Gespräch vertraulich wird, sagt: »Moment mal, ich schließe nur schnell die Tür. Man weiß ja nie, wer gerade draußen vorbeiläuft und das dann brühwarm im ganzen Betrieb herumerzählt!« Da weiß einer, wie er sich wirksam vor unliebsamem Klatsch schützen kann.

Dasselbe gilt für Toiletten. Wer auf der Toilette vertraulich mit Kolleginnen oder Kollegen redet, sollte vorher unter jede einzelne Tür schauen, um sicherzugehen, dass dahinter keiner sitzt, der das Besprochene blitzschnell in die bewährten Klatschkanäle gibt. Und weil niemand auf der Toilette unter

Türen durchschaut, sollten Sie sich immer zweimal überlegen, was Sie auf der Toilette beklatschen.

Klatschtanten nicht brüskieren!

Eine weitere vorbeugende Maßnahme, mit der Sie üblen Klatsch über sich selbst verhindern oder zumindest drastisch reduzieren können: Brüskieren Sie keine Klatschtante!

Wenn Sie einer notorischen Klatschtante über den Mund fahren, dürfen Sie sich nicht wundern, wenn diese Rache nimmt und üblen Schmutz über Sie verbreitet. Wir kennen doch alle die Schandmäuler in Verwandtschaft, Bekanntschaft und bei der Arbeit. Wie behandelt man diese? Man lässt sie reden. Wer Ohren hat, zu hören, kann diese gut und gerne auch mal auf Durchzug stellen! Natürlich kostet es Überwindung, Klatschmäuler halbwegs human zu behandeln. Vor allem wenn man dabei Storys anhören muss, von denen man sicher weiß, dass nur die Hälfte stimmt.

Die Engländer haben ein Sprichwort dafür: Suffer fools gladly – Narren sollte man geduldig ertragen. Es lohnt sich nicht, einem Klatschmaul die Leviten zu lesen, über den Mund zu fahren, zu widersprechen, es zurechtzuweisen. Nicht, wenn man weiß, dass man sich damit unweigerlich zum Gegenstand seiner bösen Klatschgeschichten macht. Also behandeln Sie gerade auch notorische Klatschmäuler gut. Es soll Ihr Schaden nicht sein …

In die Höhle des Löwen

Was machen Menschen, wenn sie wissen, dass in bestimmten Kreisen übel über sie geredet wird? Sie meiden unwillkürlich diese Kreise. Schließlich möchte man Unangenehmes meiden. Das ist verständlich, aber leider kontraproduktiv. Denn davon hört der Klatsch nicht auf! Im Gegenteil. Die Klatschmäuler können sich dann ungestört das Maul über Sie zerreißen. Tun Sie ihnen diesen Gefallen nicht.

Machen Sie vielmehr Hausbesuche in diesen Kreisen. Lassen Sie sich ab und zu dort sehen. Zeigen Sie Präsenz. Das muss nicht lange sein. Einige Minuten reichen meist schon, um erstens über den neuesten Klatsch auf dem Laufenden zu bleiben, zweitens mit der eigenen Anwesenheit üblen Klatsch bereits etwas einzudämmen und drittens aktiv Eigenwerbung zu betreiben. Denn Menschen, mit denen Sie reden, werden nie so schlecht über Sie reden wie Menschen, mit denen Sie überhaupt nicht reden. Persönlicher Kontakt löst eine Art Beißhemmung aus.

Es ist nie klug, angesichts negativer Erscheinungen den Blick zu verschließen oder das Ruder aus der Hand zu geben. Gehen Sie in die Höhle des Löwen und setzen Sie Ihre verbale Duftmarke. Das hält die Klatschsituation in erträglichen Grenzen.

Die meisten Menschen haben dagegen etwas einzuwenden: »Aber mit solchen Leuten gebe ich mich nicht gerne ab!« Wer sagt denn, dass Sie das gerne machen sollen? Zum TÜV geht ja nun auch keiner wirklich gerne. Doch beim TÜV steht nicht der Spaß, sondern die Notwendigkeit im Vordergrund. So ist es auch bei der Klatschprophylaxe: Das soll nicht unbedingt Spaß machen – das ist ganz einfach nötig.

Um Kopf und Kragen

Natürlich kann man sich mit Klatsch und Tratsch wunderbar wichtig machen, anderen imponieren, sich profilieren.

Und je spektakulärer eine Nachricht ist, desto eher gelingt das – glauben zumindest viele Menschen. Was die meisten dabei übersehen: Je spektakulärer eine Nachricht ist, desto eher kriegen Sie auch Ärger deswegen.

Holger zum Beispiel sieht auf dem Stadtfest einen guten Freund Arm in Arm mit einer guten Bekannten. Brühwarm klatscht er einen Kumpel an: »Weißt du schon von Peter und Verena? Auf dem Stadtfest habe ich die beiden...« Zugegeben, eine spektakuläre Klatschmeldung, die ihm die ungeteilte Aufmerksamkeit seiner Zuhörer sichert. Die Sache hat nur einen Haken: Klatsch kriegt der, über den geklatscht wird, immer irgendwann über fünf Ecken mit – und meist findet er schnell heraus, wer die Meldung über ihn in Umlauf gesetzt hat. Holger zum Beispiel erlebte nur drei Tage nach dem Stadtfest einen bitterbösen Telefonanruf seines Bekannten, der wissen wollte, wie er zu der Frechheit käme, zu behaupten, er würde seine Frau betrügen.

Also fragen Sie sich bei jedem Klatsch erst, bevor Sie ihn verbreiten, wie Sie mit dem Echo zurechtkommen, das Sie ganz sicher damit bei dem, über den Sie klatschen, auslösen werden.

Profi-Trick

Wenn es Sie schier zerreißt, Sie jedoch üble Folgen einer Klatschgeschichte befürchten, dann haben Sie wenigstens die Geistesgegenwart, sich abzusichern: Treten Sie nie als Augen- oder Ohrenzeuge auf. Holger zum Beispiel schaufelte sich selbst sein Beziehungsgrab, indem er klatschte, dass *er* die beiden Arm in Arm gesehen habe.

Seit dem Ärger mit seinem Bekannten, der übrigens seither

nicht mehr mit ihm spricht, sichert sich Holger ab: Er behauptet nicht mehr, selbst dabei gewesen zu sein (selbst wenn er es war), sondern dass ihm die Geschichte auch nur zugetragen wurde. Wenn dann ein böser Anruf kommt, kann er immer noch behaupten: »Ich finde das Gerücht auch nicht koscher – aber was die Leute so alles erzählen!«

Sie halten das moralisch für nicht ganz sauber? Ist es auch nicht. Doch im Eifer des Klatsches lässt man sich hin und wieder zu Dingen hinreißen, die man danach bereut. Da ist es dann einfach klüger, wenn Sie sich so absichern, dass die Reue nicht allzu groß sein muss.

Den Kopf aus der Schlinge ziehen

- »Du beteiligst dich auch an jedem Klatsch!«
- »Du bist schon ein großes Klatschmaul!«
- »Müssen Sie denn immer so viel klatschen?«

Hat man Sie auch schon mal mit einem dieser Vorwürfe konfrontiert? Dann überlegen Sie, ob tatsächlich was dran sein könnte, ob Sie es also tatsächlich in letzter Zeit etwas mit dem Klatsch übertreiben. Oder ob derjenige, der den Vorwurf erhebt, einfach nur neidisch ist auf Ihre kommunikativen Stärken. Ist etwas dran am Vorwurf, lächeln Sie souverän, bedanken Sie sich für das Feedback (das nimmt Kritikern immer den Wind aus den Segeln) und geloben Sie Besserung (ob Sie das dann auch tun, bleibt Ihnen überlassen).

Ist nichts dran am Vorwurf, sollten Sie eine gute Erwiderung parat haben. Ein Klassiker ist zum Beispiel: »Was soll ich denn machen, wenn mir die Kollegen Löcher in den Bauch fragen!« Das Sahnehäubchen obendrauf ist dann:

»Anscheinend bin ich hier der Einzige, mit dem sie reden können!«

Mobbing

Mobbing ist immer noch ein großes Tabuthema in unserer Gesellschaft: Es wird zwar gemobbt, aber nicht darüber geredet. Leider fordert Mobbing immer mehr Opfer, je schlechter die wirtschaftliche Lage in Westeuropa wird. In vielen Unternehmen ist es angesichts von ständig drohenden Entlassungen und Kostensenkungen inzwischen zur normalen Praxis geworden, ungeliebte oder einfach nur unbequeme Kollegen und Untergebene aus dem Job zu mobben. Was die Mitarbeitervertretungen und Arbeitsrechtsanwälte zu erzählen haben, enthüllt einen Abgrund an Grausamkeiten.

Klatschrelevant ist Mobbing deshalb, weil der Übergang zwischen bösem Klatsch und Mobbing fließend und oft kaum merklich ist, weil viele das eine mit dem anderen verwechseln und weil viele Menschen bösartigen Klatsch zu Mobbing-Zwecken einsetzen. Viele Mobber behaupten denn auch, wenn man ihnen ihr Mobbing vorwirft: »Ach, ich klatsche doch nur ein bisschen! Das ist doch harmlos!« Das ist es spätestens dann nicht, wenn das Klatschopfer darunter leidet und wenn gezielt über denselben Menschen die immer selben bösen Geschichten mit der Absicht verbreitet werden, ihm zu schaden. Dann ist es kein Klatsch mehr, dann ist es Mobbing.

Gerd zum Beispiel ist ein fleißiger Grafiker in einer Frankfurter Werbeagentur. Seit einiger Zeit verbreitet ein Kollege klatschend das Gerücht, dass Gerd einen großen Auftrag verloren hat, weil er eine Präsentation, einen sogenannten

Pitch, verhauen hat. Die Kollegen schauen Gerd schief an und stellen seltsame Fragen. Einige konfrontieren ihn mit den Gerüchten. Manche meiden ihn, um nicht in den Strudel des Verderbens gezogen zu werden. Auch der Chef macht in letzter Zeit seltsame Andeutungen. Gerd schläft inzwischen ziemlich schlecht und hat das Rauchen wieder angefangen. Er sagt: »Ich traue mich morgens kaum mehr zur Arbeit!«

Anti-Mobbing

Wir haben gesagt, dass Sie das Zeug, das über Sie geklatscht wird, getrost vergessen können. Wird der Klatsch jedoch bösartig und verfolgt erkennbar das Ziel, Ihnen zu schaden, sollten Sie mit dem Vergessen aufhören. Genau das machen die meisten Mobbing-Opfer jedoch nicht. Die häufigste Reaktion auf Mobbing ist nämlich Rückzug, Resignation oder moralische Empörung. Keine dieser verständlichen und menschlichen Reaktionen hilft jedoch.

Mobbing ist immer ein Angriff auf Ihre Person. Und persönliche Angriffe darf man nicht resigniert hinnehmen oder empört quittieren, weil man damit den Angreifer einlädt, weiter anzugreifen. Viele Mobbing-Opfer glauben, dass es schon von alleine besser wird, dass die ganze unangenehme Geschichte vorübergehen wird, wenn sie sich ruhig verhalten. Das Gegenteil ist der Fall. Wer sich nicht wehrt, lädt den Angreifer zu weiteren Angriffen ein. Wer sich nicht wehrt, lebt verkehrt. Sich wehren heißt jedoch nicht, sich zu empören. Denn Empörung stachelt den Mobber nur noch stärker an.

Bei Mobbing gilt: Immer so früh wie möglich aktiv werden! Holen Sie sich schon bei den ersten Anzeichen Unterstützung von Kollegen, die zu Ihnen stehen. Versuchen Sie es auch mit dem Vorgesetzten. Zwar sind viele Vorgesetzte mobbing-inkompetent und sagen unerhörte Dinge wie: »Damit müssen Sie schon alleine zurechtkommen!« Doch vielleicht haben Sie ja einen guten Vorgesetzten erwischt. Ein Versuch ist es jedenfalls wert. Holen Sie sich auf jeden Fall die Unterstützung Ihrer Mitarbeitervertretung. Denn die Mitarbeitervertretungen sind zum Thema Mobbing oft am kompetentesten in Unternehmen. Finden Sie nirgendwo innerhalb der Organisation Unterstützung, versuchen Sie es außerhalb: Suchen Sie sich einen auf Mobbing spezialisierten Coach. Sich ohne Unterstützung gegen Mobbing zu wehren ist weitgehend aussichtslos.

Hilfreich ist jedwede kompetente Unterstützung deshalb, weil Sie im Mobbing-Fall mit ihr zusammen Ihr weiteres Vorgehen besprechen können. Die meisten Mobbing-Opfer reagieren nämlich impulsiv passiv oder aggressiv. Das hilft nicht weiter. Ein guter Coach oder Mitarbeitervertreter wird zusammen mit Ihnen die möglichen Vorgehensweisen und ihre Folgen durchspielen. So lange, bis Sie eine Vorgehensweise finden, die die besten Folgen für Sie und den Konflikt hat. Dann wird der Vertreter oder Coach mit Ihnen diese Vorgehensweise trainieren, damit Sie diese auch gegenüber dem Mobber mit ausreichend Selbstvertrauen und technischer Finesse anbringen können.

Gerd zum Beispiel lässt sich von seinem Coach davon überzeugen, dass es keinen Wert hat, dem Mobber aus dem Weg zu gehen. Also stellt Gerd ihn, vom letzten Coaching mit ausreichend Selbstvertrauen ausgestattet, in der Kaffeeküche und sagt freundlich lächelnd: »Ich weiß, dass du scharf auf meinen Job bist und deshalb Lügen über mich verbreitest. Mann, wirst du alt aussehen, wenn die Sache auffliegt und jeder merkt, wie wenig du auf einem Mac draufhast!« Dann lässt er den sprachlosen Mobber stehen. Am selben Tag noch erzählt er jedem, den er trifft: »Jaja, der Thomas. Der versucht eben mit allen Tricks, auf meinen Stuhl zu kommen. Diese Karrieristen!« Nach und nach schwingt die Stimmung um. Noch immer hält sich hartnäckig das Gerücht, dass Gerd bei seinem Pitch Mist gebaut hat. Doch Thomas steht inzwischen im Ruf, persönliche Interessen zu verfolgen, was seine weiteren Klatschgeschichten ihrer Glaubwürdigkeit beraubt. Nach fünf Wochen gibt Thomas ermüdet den Versuch auf, Gerd aus seiner Position zu mobben. Diese fünf Wochen waren hart für Gerd – aber nicht so hart, wie das ständige Mobbing auszuhalten.

Angst vor Klatsch

In einer Studie mit 130 000 Personen zwischen 20 und 60 Jahren kamen Forscher aus Berkeley, Kalifornien, zum Ergebnis: Je älter Menschen werden, desto verschlossener werden sie.

Das Sprichwort »Gebranntes Kind scheut das Feuer« erklärt den Grund dafür: Über die Jahre machen wir alle die Erfahrung, dass menschliche Kommunikation nicht immer das ist, was wir uns von ihr erwarten. Wer sich anderen gegenüber offen gibt, kein Blatt vor den Mund nimmt, auch mal über die eigenen Gefühle und Ängste oder über seine ehrliche Meinung zu Geschehnissen oder Personen spricht, wird nicht immer mit einem offenen, freundschaftlichen Gespräch belohnt, sondern häufig missverstanden, angegriffen, verzerrt wiedergegeben oder die Vertraulichkeit des Gesprächs wird missbraucht.

Und je öfter wir uns auf diese Weise den Mund verbrennen, desto verschlossener werden die meisten Menschen mit den Jahren im Gespräch. Die menschliche Kommunikation reduziert sich auf Smalltalk-Niveau, geklatscht wird nur noch wirklich Belang- und Konsequenzloses. Das ist umso bedauerlicher, je größer die Bedeutung der Kommunikation als geistiger und gesundheitlicher Wirkfaktor im Alter wird. Mit dem Alter entwickeln die meisten Menschen tatsächlich eine echte Angst vor Klatsch und Tratsch.

Das ist vor allem deshalb schade, weil diese Angst auf einer Fehleinschätzung beruht: Wer sich beim Klatsch gelegentlich die Finger verbrennt, sollte mit zunehmendem Alter nicht einfach immer zurückhaltender mit Klatsch und Tratsch werden, sondern etwas daraus lernen, was schon Kinder lernen: Wenn man sich beim Griff auf die Herdplatte die Finger verbrennt, dann ist es wenig intelligent, von diesem schmerzhaften Moment an alle Herdplatten zu meiden. Es ist viel klüger, nur die heißen Herdplatten nicht mehr anzufassen.

Meiden Sie Klatsch nicht. Lernen Sie lediglich, sozusagen die heißen Herdplatten zu erkennen. Zu erkennen, mit wem sich ein offenes Gespräch, in dem auch mal richtig böse über andere geklatscht werden kann, anstandslos führen lässt, und mit wem eben nicht. Wer zu einem offenen und vertraulichen Gespräch fähig ist und wer nicht. Bei wem Sie kein Blatt vor den Mund nehmen brauchen und bei wem Sie auf der Hut sein müssen.

Dieser kleine Aufwand lohnt sich ungemein. Die Vereinsamung älterer Menschen und deren abnehmende geistige und körperliche Gesundheit hängt nämlich ursächlich auch mit dem Mangel an Austausch, Beziehungsgüte und Kommunikation zusammen. Spitz formuliert: Je weniger ein Mensch klatscht, desto schneller altert er.

Meiden Sie deshalb Klatsch nicht, auch wenn Sie sich hin und wieder die Finger verbrennen. Lernen Sie lediglich zu unterscheiden, mit wem Sie gefahrlos und offen worüber klatschen können und mit wem worüber nicht.

»Ich sammle Menschen.«
Kathy, Networkerin

7 Networking

»Ich klatsche nicht, ich networke!«

Seit es den Trendbegriff »Networking« gibt, brauchen Sie kein schlechtes Gewissen mehr zu haben, wenn Sie mal wieder ausgiebig mit einem netten Menschen klatschen und dabei die Zeit vergessen. Lassen Sie sich, auch nicht von sich selbst, vorwerfen, dass Sie unproduktiv Ihre Zeit vergeuden. Sagen Sie (sich) im Brustton der Überzeugung: »Ich klatsche nicht. Ich networke!« Das bringt den schärfsten Kritiker zum Schweigen, selbst den inneren Kritiker.

Ganz im Ernst, Sie müssen kein Atomphysiker sein, um dahinterzukommen: Je mehr Menschen Sie beklatschen, desto größer wird Ihr Netzwerk an Bekannten, Freunden und Kollegen, die Ihnen irgendwann nützlich sein können. Und je mehr Menschen in Ihrem Klatschnetzwerk versammelt sind, desto besser sind Sie jederzeit mit frischem Klatsch versorgt, um neue Menschen anzusprechen, die Ihr Netzwerk wiederum vergrößern … und so weiter. Klatsch ist eine der besten, einfachsten und schnellsten Methoden, sich ein Kompetenznetzwerk aufzubauen.

Und das Schöne daran: Jede(r) hat bereits so ein Netzwerk nützlicher Kontakte. Denn alle Menschen klatschen. Überlegen Sie doch mal: Mit wem haben Sie heute schon geklatscht? Meist ist das eigene Netzwerk viel größer, als man aus dem Stand heraus annimmt.

Das Netzwerk nutzen

Netzwerke sind nützlich. Wenn Sie einen bezahlbaren Gebrauchtwagen, einen verlässlichen Babysitter, einen pünktlichen Handwerker, einen wirklich guten Arzt oder auch nur einen Tipp bei der Lösung eines Problems benötigen, dann sind die informellen Kontakte meist besser, schneller und billiger als die offiziellen Kanäle der Informationsbeschaffung. Vor allem sind sie glaub- und vertrauenswürdiger! Wem würden Sie denn im Ernstfall vertrauen, wenn Sie rasch einen guten Klempner brauchen? Den Gelben Seiten oder der Empfehlung Ihres besten Freundes? Eben.

Seit es mit dem Kapitalismus bergab geht, sind selbst (gute) Jobs in vielen Branchen nur noch über Vitamin B, sprich über das Klatschnetzwerk, zu bekommen: »Du, ich suche was im Bereich … Weißt du, wer gerade jemand sucht?« Ähnlich verhält es sich mit bezahlbaren Wohnungen in Ballungsgebieten. Wer klatscht, findet nicht nur schneller Job und Wohnung, sondern fährt damit auch meist besser, weil die guten Angebote oft unter der Hand weggehen, also sowieso nur dem Klatschnetzwerk zugänglich sind.

Gut bestückt?

Wer eine Wohnung oder einen Job sucht, weiß das meist Wochen, wenn nicht Monate vor der Kündigung des alten Jobs oder der alten Wohnung. Wenn jedoch morgen Ihre Heizung den Geist aufgibt, die Waschmaschine nicht mehr schleudert oder ein Familienmitglied in einen handfesten Rechtsstreit gerät, dann wissen Sie das ohne hellseherische Fähigkeiten heute noch nicht.

Trotzdem werden Sie morgen dringend einen kompetenten und zuverlässigen Fachmann für die jeweilige Alltagskatastrophe benötigen. Geübte Klatscher wissen das und bauen vor: Sammle in der Zeit (Kontakte), dann hast du in der Not.

Wer klug ist, baut sich auf diese Weise beizeiten ein Kompetenznetzwerk auf, das alle relevanten Themen des Lebens abdeckt. Wie steht es um Ihr Netzwerk? Ist es dicht genug geknüpft? Wo hat es Lücken? Check it out!

Checkliste

Ihr Kompetenznetzwerk

Füllen Sie die folgende Übersicht aus, wenn Sie mögen. Je mehr Klatschpartner Sie den jeweiligen Themen zuordnen können, desto besser.

Relevantes Thema	**Kompetenz-Klatschpartner**
Job & Karriere	
Geldanlage	
Versicherungen	
Gesundheit	
Auto	
Wohnung, Haus	

Handwerker	
Stadtklatsch	
Schnäppchen	
Steuer	
Fitness	
Rechtsfragen	

Welche Themen möchten Sie noch ergänzen?

Zweckorientiert klatschen

Sinnvoll ist auch, sein Netzwerk nach Verwendungszweck differenziert aufzubauen. Viktoria sagt: »Wenn ich Dampf ablassen muss, dann telefoniere ich immer mit Petra. Und wenn ich das Neueste aus der Chefetage wissen möchte, dann klatsche ich mit Horst oder Brigitte.« Haben Sie für jeden Klatschzweck den oder die geeigneten Klatschpartner? Wo gibt es noch Lücken?

Klatsch & Tratsch

»Enten legen ihre Eier in aller Stille. Hühner gackern dabei wie verrückt. Was ist die Folge? Alle Welt isst Hühnereier.«

Henry Ford

Jemanden kennen, der jemanden kennt

Extravertierte Menschen haben oft Netzwerke mit 200 und mehr Kontakten. Introvertierte tun sich da etwas schwerer. Sind diese im Nachteil? Nein. Sie müssen nicht hunderte

Kontakte in Ihrem Netzwerk pflegen, wenn Sie nicht besonders kontaktstark sind.

Es reicht völlig, wenn in Ihrem kleinen Netzwerk jemand ist, der selbst ein großes Netzwerk hat. Thomas zum Beispiel ist als selbstständiger IT-Fachmann ein geradezu isoliert lebender und arbeitender Einsiedler. Trotzdem weiß er immer, wo es welche Schnäppchen gibt, wo welche Party steigt und wo es für ihn was zu holen gibt – weil er sich jeden Tag per E-Mail mit Luzia austauscht, die es in ihrem Netzwerk locker auf mehrere hundert Kontakte bringt. Von Luzia sagt man: »Luzia kennt jeden und jeder kennt Luzia!« Als bei Thomas jüngst die Speicherheizung den Geist aufgab, wälzte er nicht die 50 Eintragungen im Branchenbuch, sondern rief kurzerhand Luzia an, die ihm einen Elektriker nannte, der schnell, sauber und kostengünstig arbeitet.

Ein Netzwerkpartner mit großem Netzwerk ist gut, zwei sind besser, drei sind Spitze. Natürlich trifft man selten per Zufall auf solche Menschen mit großem Netzwerk. Man muss sie manchmal ganz gezielt anklatschen. Doch gerade das unterscheidet den Klatschprofi vom Amateur: Er klatscht nicht nur in seinem kleinen Dunstkreis mit seiner angestammten Sippe, sondern auch mit jenen Menschen, die ihm nützlich sein können. Auf diese Weise hat Thomas, der Einsiedler, auch Luzia, das Kommunikationsgenie, kennengelernt. Natürlich revanchiert sich Thomas regelmäßig für Luzias Info-Dienste, was uns zum nächsten Thema bringt.

Netzwerkpflege

Jedes Netzwerk, jeder Kontakt will gepflegt werden. Wenn Thomas seine Luzia immer nur um nützliche Informationen anpumpen würde, dann hätte sie bald die Nase voll von ihm. Doch Thomas weiß sich zu revanchieren. Er nimmt ihr praktisch den ganzen Ärger mit ihrer EDV ab, versorgt sie mit tollen Internet-Adressen und verschafft ihr bei Bedarf gebrauchte Rechner zum Spottpreis. Das ist eine ganze Menge – doch Luzia tut ja auch eine Menge für ihn.

In einem Netzwerk muss immer ein Ausgleich zwischen Geben und Nehmen herrschen. Dieser Ausgleich muss nicht sofort erfolgen, aber immer auf mittlere Sicht, also auf ungefähr ein viertel oder halbes Jahr bezogen. Jede Beziehung innerhalb des Netzes, bei der ein Ungleichgewicht besteht, bricht irgendwann in sich zusammen, weil sich ein Partner ausgenutzt vorkommt.

Vor allem muss ein Netzwerk regelmäßig gepflegt werden. Wer sich zu lange nicht meldet oder, schlimmer noch, wer sich nur dann meldet, wenn er etwas braucht, wird bald vom Netzwerkpartner gemieden. Das heißt, dass Sie Ihre wichtigen Kontakte regelmäßig alle ein bis zwei Wochen und die weniger wichtigen monatlich pflegen sollten – auch wenn es »nichts Wichtiges« zu besprechen gibt. Dann klatscht man eben einfach nur so, um des Klatsches willen und um den Kontakt im wahrsten Sinne des Wortes aufrechtzuerhalten. Das macht Arbeit? Sicher, doch es macht auch Spaß, macht beliebt, und es ist vor allem sehr nützlich.

Turbo-Pflege

Die meisten Menschen anerkennen die Nützlichkeit eines Klatschnetzwerkes anstandslos – sie haben jedoch einen Einwand: »Ich hab einfach keine Zeit, auch noch nützliche Kontakte zu pflegen! Ich hab ja nicht mal die Zeit für das

Nötigste!« Das stimmt natürlich. Wer hat in unserer verhetzten, gestressten, hektischen und überladenen Zeit denn noch Zeit? Natürlich keiner. Wie gut, dass Netzwerk-Pflege genau das benötigt: keine Zeit.

Sie können natürlich mit einem guten Kontakt auch essen oder Kaffee trinken gehen. Doch wenn Sie keine Zeit dafür haben, dann brauchen Sie auch keine. Satteln Sie die Netzwerkpflege einfach auf jene Kommunikation auf, die Sie sowieso betreiben. Genau das machen die meisten Menschen nicht, wie selbst der oberflächlichste Blick auf die berufliche Korrespondenz enthüllt. Antonia zum Beispiel mailt Johannes: »Die neuen Zeichnungen sind fertig. Kannst sie ab sofort bei der Sekretärin abholen.« Was ist das?

Unmöglich! Antonia hätte genau fünf Sekunden benötigt, um noch anzufügen: »Übrigens, was macht eigentlich die neue Kampagne vom Vertrieb? Weißt du was?« Fünf Sekunden sind keine Zeit! An solchen kritischen Vorfällen erkennen wir die Irrelevanz des Keine-Zeit!-Arguments: Es liegt nicht an der Zeit. Es liegt daran, dass man/frau nicht dran denkt, die Wichtigkeit eines Netzwerkes nicht realisiert. Johannes zum Beispiel hängt an alles, was er beruflich, sachlich-fachlich sagt, auch ein oder zwei Klatschwendungen an. Seine Meinung: »Die Leute sind doch keine Roboter und vor allem ich auch nicht. Meine Kommunikation nur auf das Nötigste zu beschränken – also dafür bin ich mir zu schade!«

Das gilt nicht nur für E-Mails, sondern auch fürs Telefon, für Memos, aber auch für die mündliche Kommunikation: Für ein, zwei Klatschsätze ist immer Zeit. Jedes Netzwerk lässt sich auch mit minimalem Zeitaufwand pflegen.

Netzwerker sind selbstbewusster

Es hat noch einen Grund, dass viele Menschen »keine Zeit!« vorschützen, um ihr eigenes kleines Netzwerk nicht pflegen zu müssen: Unselbstständigkeit. Wer aktiv an seinen Kontakten arbeitet, tut das ja für sich, seine Träume, Lebensziele und Interessen. Leider ist uns diese autonome Zielverfolgung in den letzten Jahren gründlich abhanden gekommen. Man hat uns dazu erzogen, brav in der Herde mitzutraben, zu tun, was man uns sagt.

Wer netzwerkorientiert klatscht, beweist damit eine beachtliche Selbstständigkeit und vice versa, umgekehrt: Ohne eine gewisse Selbstständigkeit, Eigenverantwortung und Autonomie kann man überhaupt kein kompetentes Klatschnetzwerk aufbauen. Das eine bedingt also das andere – wie schön! Denn das bedeutet: Je öfter Sie an Ihrem Netzwerk häkeln, desto selbstbewusster und autonomer werden Sie auch – und umgekehrt.

Lassen Sie nicht jeden rein!

Barbara erzählt: »Neulich standen wir um die Kaffeemaschine im Büro herum und klatschten ein wenig. Irgendwie kamen wir darauf, dass unser externer Layouter in letzter Zeit beim Honorar ganz schön zulangt. Und was macht Daniela, die dumme Kuh? Die telefoniert los und holt postwendend drei Angebote ein! Mann, ist unser bisheriger Layouter jetzt sauer auf uns! In der Branche spricht sich das doch ruckzuck herum!«

Seither gehört Daniela bis auf Weiteres nicht mehr zum

Büro-Klatschzirkel der Kollegen, denn: »Die kann nichts für sich behalten. Die weiß einfach nicht, wann es besser ist, den Mund zu halten!« Die Moral von der Geschichte: Sie können zwar mit jedem/jeder klatschen. Aber in Ihr Kompetenz-Klatschnetzwerk sollten Sie nicht jeden/jede aufnehmen. Wie schon Schiller sagte: Drum prüfe, wer sich bindet…

Die Selektion der Netzwerkpartner endet nicht mit deren Aufnahme in Ihrem Netzwerk. Sie geschieht laufend. Neulich sagte ein Seminarteilnehmer: »Ich muss mir endlich abgewöhnen, in Geldangelegenheiten auf meinen Bruder zu hören. Er lag mit vier von seinen fünf letzten Tipps daneben, meine Schwägerin lag immer richtig.« In der Netzwerkterminologie ausgedrückt: Der alte Netzwerkexperte in Geldsachen wird durch eine neue Expertin ersetzt. Das hört sich alles sehr vernünftig an? Stimmt, doch die meisten Menschen haben damit große Probleme.

»Aber ich kenne doch keinen!«

Den meisten Menschen ist die Idee hinter einem Klatsch- und Kompetenznetzwerk völlig einleuchtend. Leider leben wir in einer sogenannten fraktalen Zeit: Wir treffen zwar täglich Dutzende von Menschen, doch im Grunde rennt, arbeitet, spricht und lebt man aneinander vorbei. Das moderne Leben ist in viele kleine Fragmente zerfallen, die oft kein schlüssiges Gesamtbild mehr ergeben. Wie soll man da verlässliche Netzwerkpartner finden? Viele Menschen, die akut einen kompetenten Netzwerkpartner bräuchten, sagen: »Aber ich kenne doch keinen, der sich mit so was auskennt!«

Das stimmt – und wieder nicht. Natürlich kennt jemand, der sich derart beklagt, wirklich keinen verlässlichen Experten. Doch nicht, weil es ihn nicht gäbe, sondern weil die meisten von uns täglich Dutzende von Chancen auslassen, solche Netzwerkexperten kennenzulernen. Check it out!

Checkliste

Netzwerkexperten finden

Wir alle haben täglich Dutzende Gelegenheiten, neue Netzwerkpartner kennenzulernen und zu rekrutieren. Schöpfen Sie diese Gelegenheiten stets voll aus?

- O Falls Sie nicht gerade im Einfamilienhaus leben: Kennen Sie alle Mitbewohner in Ihrem Haus? Wissen Sie, was sie beruflich machen, welches ihre Hobbys sind?
- O Falls nicht: Klatschen Sie doch mal mit denen, die Sie noch nicht so gut kennen, wenn sie Ihnen über den Weg laufen! Sie werden sich wundern, welche Experten direkt in Ihrer Nähe wohnen!
- O Dehnen Sie Ihre Klatschaktivitäten auf Ihre Straße aus.
- O Besuchen Sie Stadtteilfeste und klatschen Sie!
- O Die meisten Menschen sind in (mindestens) einem Verein: Klatschen Sie mit allen Menschen in Ihrer Gruppe.
- O Dehnen Sie Ihre Klatsch- und Suchaktivitäten auf die komplette Abteilung, dann auf den Verein aus: Besuchen Sie Abteilungs- und Hauptversammlungen.
- O Besuchen Sie mindestens zwei- bis dreimal im Jahr Seminare, Fachveranstaltungen und Tagungen. Dort trifft man in den Veranstaltungspausen die interessantesten und nützlichsten Menschen.
- O Wandern Sie durch die Firma, in der Sie arbeiten, und

knüpfen Sie Kontakte. (Die meisten Menschen kommen zeitlebens nicht aus ihrer Abteilung raus.)

- Falls Sie damit Probleme haben: Die einfachste Art, in Kontakt zu kommen, ist per Vorstellung: »Hallo, ich bin Stefan Müller, ich arbeite im Versand. Ich war noch nie in der Konstruktion. Sieht interessant aus. Was genau machen Sie denn da?« Jeder normale Mensch fühlt sich geschmeichelt, dass Sie sich für seine Arbeit interessieren (wenn nicht, ist der Mensch für Sie und Ihr Netzwerk nicht interessant).
- Treten Sie mindestens einem Berufsstammtisch bei.
- Besuchen Sie After-Work-Partys.
- Die Kunden und Lieferanten Ihres Unternehmens sind ideale Netzwerkpartner, weil beide eine exakt definierte Kernkompetenz mitbringen (eben das, was sie zu Kunden oder Lieferanten macht). Treten Sie auf jeden Fall mit ihnen in Klatschkontakt! Irgendwas ergibt sich immer, wenn Sie die Ohren aufmachen.
- Den leichtesten Zugang zu Netzwerkpartnern ermöglicht Ihnen »das Netz« selbst: Nutzen Sie Chatrooms und Foren, googeln Sie täglich, klicken Sie mal bei E-bay rein. Natürlich ist auch viel Müll im »world wide waste«, doch die Suche lohnt sich immer.

Prominenz im Netzwerk

Wenn Sie mal darauf achten, werden Sie feststellen, dass die meisten Menschen nur mit ihresgleichen klatschen. Das liegt auf der Hand, denn auf dem eigenen Level ist die Kontaktaufnahme am einfachsten.

Doch wer nur mit seinesgleichen klatscht, kommt nicht in

den überragenden Genuss der Vorteile, die Kontakte auf über- und untergeordneten Ebenen bieten. Ein Vorstandsmitglied, eine Stadträtin, ein Professor, eine Doktorin oder andere VIPs und Prominente im eigenen Netzwerk versorgen Sie mit Informationen und Chancen, an die Sie sonst nie herankommen würden. Es ist immer gut, die im Sinne des Wortes entscheidenden Leute zu kennen und mit ihnen klatschend zu verkehren.

Selbst Kontakte unterhalb Ihres sozioökonomischen Levels sind sehr fruchtbar: Der Witz, die Sichtweisen, die Connections und die Lebensweisheit der »kleinen Leute« sind oft bereichernd, ermutigend und nützlich. Wer seine Schwellenscheu und seinen Standesdünkel überwindet, wird mit exzellenten Kontakten fürs Netzwerk belohnt.

Klatsch & Tratsch

»Die Jugendlichen von heute lieben den Luxus, haben schlechte Manieren und verachten die Autorität. Sie widersprechen den Eltern, legen die Beine übereinander und tyrannisieren ihre Lehrer.«

Sokrates

Meinungsführer ins Netzwerk

Holen Sie sich auch einige Meinungsführer in Ihr Netzwerk. Also Leute, die etwas zu sagen haben, die als Sprachrohr akzeptiert sind, auf die viele andere Menschen hören. Der Vorteil solcher Netzwerkpartner liegt auf der Hand – der Nachteil auch: Viele verhalten sich wie Platzhirsche oder Gurus, kommunizieren tendenziell dogmatisch. Deshalb lassen viele Menschen die Leithammel links liegen, wollen eben nicht Teil ihres Hofstaates sein.

Das ist so verständlich wie es selbstschädigend ist. Wer sein Leben einfacher, bequemer und erfolgreicher gestalten möchte, sollte auch einmal über den eigenen Schatten springen und für zehn Minuten die Woche einem Dogmatiker zuhören können, ohne dass ihm ein Zacken aus der Krone fällt… Es ist keine Kunst, zu klatschen. Doch es ist eine Kunst, intelligent zu klatschen.

Exoten ins Netzwerk

Dass die meisten Menschen nur mit ihresgleichen klatschen, gilt nicht nur für sozioökonomische Parameter (Beruf, Einkommen, Schicht), sondern auch für Charaktereigenschaften. Gleich und Gleich gesellt sich eben gerne. Daher klatschen Extrovertierte gerne mit Extrovertierten, Gefühlsmenschen mit Gefühlsmenschen, Kopfmenschen mit Kopfmenschen… Warum? Die Briten sagen: People that are like each other, like each other. Frei übersetzt: Was sich gleicht, das mag sich auch – und klatscht miteinander.

Daran ist nichts auszusetzen. Doch wer von dieser unbewussten Routine abweicht, erntet reichen Segen. Frank zum Beispiel sagte noch vor Wochen: »Mein Bankberater ist zwar hoch kompetent, doch ein Bier nach Feierabend würde ich nie mit ihm trinken. Wir sind einfach zu unterschiedlich.« Neulich traf ich ihn zufällig im Straßencafé – beim Bier mit seinem Bankberater. Frank meinte am andern Tag: »Wir haben so unterschiedliche Sichtweisen – das finde ich inzwischen aufregend und anregend. Ich wusste gar nicht, wie eingefahren ich schon bin!« Frank lernt die Welt aus einer Sicht kennen, die für ihn völlig neu und spannend ist. Das ist immer bereichernd und nützlich.

Klatsch fördert tatsächlich die soziale Kompetenz: Man lernt andere Perspektiven kennen und dabei Toleranz und Flexibilität üben. Man bekommt die Chance, seine eigene Meinung zu korrigieren, zu relativieren und zu differenzieren. Wer viel klatscht und dabei einen offenen Geist bewahrt, sieht die Dinge nicht mehr schwarz-weiß, sondern in ihren wahren Farben. Frank hielt zum Beispiel bislang Basel II für ein »Instrument zur Vernichtung des Mittelstandes«. Inzwischen weiß er, dass diese Bankrichtlinie viele Banken vor dem Ruin gerettet hat.

Nehmen Sie hin und wieder auch Exoten in Ihr Netzwerk auf, also Menschen, mit denen Sie normalerweise nicht klatschen würden. Wenn Sie sich erst einmal an die völlig andere Kommunikation mit ihnen gewöhnt haben, werden Sie viel Spaß und Nutzen daran haben.

Der kleine Dienstweg

Jede(r) kennt den kleinen Dienstweg. Er ist ein geflügeltes Wort in der modernen Wirtschaft. Organisationsforscher schätzen, dass in Unternehmen bis zu einem Drittel der Wertschöpfung über den kleinen Dienstweg abgewickelt wird – weil es über die offiziellen Kanäle oft viel zu lange dauert und zu umständlich ist!

Der kleine Dienstweg ist sozusagen der Turbolader der Wertschöpfung – jedoch nur für jene gangbar, die über das dafür nötige innerbetriebliche Netzwerk verfügen, die in jeder Abteilung jemanden kennen, der jemanden kennt, der etwas deichseln kann. Wie gut sind Ihre Kontakte? Wo klaffen noch Klatschlücken?

Der kleine Dienstweg geht idealerweise über die Grenzen des eigenen Unternehmens hinaus: Auch bei Lieferanten und Kunden sollte man genügend Menschen kennen, die einem auch mal einen Gefallen tun können.

Auf die Zeitung ist kein Verlass

Viele Menschen lesen täglich die Lokalzeitung. Das ist gefährlich. Denn nur wenige Lokalzeitungen hören das Gras wachsen. Rainer erfuhr jüngst, dass direkt vor seinem gemütlichen Heim ein vierstöckiges Gebäude errichtet werden sollte – und das erfuhr er nicht aus der Zeitung! Offiziell steht sein Heim in einem unverbaubaren Wohngebiet. Der Betonklotz, der gebaut werden sollte, hatte jedoch eine Sondergenehmigung, weil es ein kommunales Gebäude war. Ein Stadtrat hatte Rainer diese Nachricht »gesteckt«, worauf dieser sofort einen Anwalt nahm und die Sache wenige Stunden vor Abschluss des Genehmigungsverfahrens zum Stillstand brachte.

Hätte Rainer in seinem eigenen Heimatort nicht ein funktionierendes Klatschnetzwerk, hätte er ausziehen oder im Schatten des Betonklotzes leben müssen. Als die Lokalzeitung endlich Wind von der Sache bekam, brachte sie einen feurigen Leitartikel – viel zu spät und im Übrigen nur mit der Hälfte der wesentlichen Informationen.

Was erzählt man sich in Ihrer Stadt? Kennen Sie die maßgeblichen Leute und Kolporteure? Kennen Sie die Leute, die das Gras wachsen hören? Wissen Sie, was um Sie herum passiert? Wo die Gefahren lauern, aber auch die Chancen versteckt liegen?

Die besten Berater

Klatschzirkel sind echte Quellen der Kreativität. Cornelia, Berthold und Monika beispielsweise treffen sich einmal die Woche zum Abendessen. Dabei wird viel geklatscht – auch über Berufliches. Berthold führt ein kleines Unternehmen. Er sagt: »Wenn ich von diesen wöchentlichen Treffs komme, bringe ich immer so viele Ideen fürs Geschäft mit – einem Berater hätte ich dafür schon einen sechsstelligen Betrag bezahlen müssen!«

Ironischerweise sagen genau das auch viele Unternehmensberater. Einer verriet mir: »Die meisten Unternehmer, die ich berate, schmoren im eigenen Saft! Wenn die auf die Leute in ihrer direkten Umgebung hören würden, könnten sie sich die Hälfte meines Honorars sparen. Aber die haben sich derart in ihrem Büro verbarrikadiert, dass sie mit normalen Menschen kaum mehr Kontakt haben.« Wie das Management-Sprichwort schon sagt: Oben ist es einsam. Zu viel Business, zu wenig Klatsch.

Dissoziiert klatschen

Es ist nichts so einfach, dass man es nicht auch falsch machen könnte. Gerade die Ratgeberfunktion des Klatschnetzwerks macht vielen Menschen Probleme. Betrachten wir ein Beispiel in zwei Varianten.

- Variante 1:
  Horst: »Mein Knie, das wird und wird nicht besser. Ich weiß auch nicht, was ich noch machen soll. Ich habe schon alles probiert.«

Ferdinand: »Mann, immer du mit deinen kaputten Knochen. Tritt halt ein bisschen kürzer mit dem Sport!«

- Variante 2:
  »Jetzt habe ich Fango, ABC-Pflaster und Feldenkrais durch und nichts hat meinem Knie geholfen. Hast du nicht einen Tipp?«
  »Hm, weiß nicht. Ein Kollege hatte kürzlich mit Magnetwellen Erfolg.«

Die meisten Menschen sind sich im Unklaren darüber, wie sie ein Klatschnetzwerk ansprechen müssen. Sie jammern, wenn sie eigentlich Rat möchten. Beides sind legitime Bedürfnisse – Sie sollten sie lediglich nicht miteinander verwechseln. Wenn Sie Ihr Leid klagen, Dampf ablassen möchten, dann machen Sie das ruhig emotional – doch erwarten Sie nicht, dass Sie darauf brauchbare Ratschläge ernten. Wer angejammert wird, reagiert meist nicht besonders konstruktiv.

Sie können ruhig klagen, so lange und so viel Sie möchten (wenn der andere so lange zuhört). Doch wenn Sie Informationen, Tipps oder Rat möchten, sollten Sie nicht assoziiert (emotional), sondern dissoziiert (sachlich) kommunizieren. Eben so, wie es Horst in Variante 2 macht. Wenn Sie Informationen möchten, fragen Sie einfach ganz direkt nach Informationen.

Die Regeln des Netzwerks

In Netzwerken herrschen Regeln. »Rede dissoziiert, wenn du einen Rat willst!«, ist so eine Regel. Der gebotene Ausgleich von Geben und Nehmen ist eine andere. Viele Menschen ignorieren den Regelgehalt von Netzwerken.

Neulich beschwerte sich einer meiner Coaching-Klienten beispielsweise bitter, dass er als Ingenieur in einem der Experten-Foren, an denen er regelmäßig per E-Mail teilnimmt, seit einigen Tagen geradezu einer Hetze gegen seine Person ausgesetzt sei. Warum? Weil er unvorsichtigerweise gegen die herrschende Meinung im Netzwerk verstoßen hatte. Er hatte sich als Forumsneuling ohne böse Absicht abfällig über einen bestimmten DIN-Standard geäußert, ohne zu wissen, dass die alten Hasen diesen Standard positiv bewerten. Ein klarer Verstoß gegen die Regel: »Bevor du im Network vom Leder ziehst, schau nach, ob du damit nicht die herrschende Meinung angreifst!«

Jedes Netzwerk hat seine Regeln. Natürlich stehen die in keinem Regelbuch. Doch wenn Sie aufmerksam und am Anfang mit etwas Vorsicht im Netzwerk klatschen und kommunizieren, werden Sie diese Regeln schnell herausbekommen. Sie wissen ja jetzt, dass Sie auf diese Regeln achten sollten.

Zukunft Netzwerk

Es wurde uns nicht an der Wiege gesungen, es wird an keiner Schule gelehrt, man kann es nicht studieren und die öffentliche Meinung schweigt es seit Jahren, abgesehen von gelegentlichen Trendstorys, tot – doch Networking ist eines der segensreichsten Instrumente, die je erfunden wurden.

Wenn Sie einen kennen, der sein Häuschen in Rekordzeit oder supergünstig baute, dann können Sie sicher sein, dass er es nicht über die offiziellen Kanäle geschafft hat. Wenn Sie einen Handwerker kennen, der trotz der Wirtschaftsflaute immer was zu werkeln hat, dann können Sie sicher sein, dass er das nicht dem Konsumdrang der Nachfrager zu verdanken hat. Ein gutes Netzwerk ist Umsatzgarantie, Lebensversicherung, Existenzsicherung und Geldquelle in einem. Der US-Mediziner Dean Ornish hat sogar nachgewiesen, dass Menschen, die in einem funktionierenden Netzwerk leben, weniger und weniger schwer erkranken und sich im Krankheitsfall schneller und leichter erholen – weil sie buchstäblich von ihrem Netz aufgefangen werden.

In von Arbeitslosigkeit besonders schwer betroffenen Regionen gibt es immer wieder Kommunen und Stadtteile, denen es im Vergleich zum Umland glänzend geht. Das wissen Soziologen schon seit mehreren Jahrzehnten. Der Grund: In diesen Gebieten funktionieren die Netzwerke. Sie haben die offizielle Versorgungsfunktion übernommen: Jeder hilft auf Tauschbasis jedem aus – und so geht es allen gut. Ist das Auto des arbeitslosen Klempners kaputt, hilft der arbeitslose Kfz-Mechaniker aus und lässt sich dafür vom Klempner den Boiler entkalken. Wirtschaftswissenschaftler reden davon, dass in diesen Regionen das Netzwerk nicht nur den Kapitalismus ersetzt hat, sondern dass das Netzwerk generell die effizientere, überlegene Organisationsform ist, die dazu noch ohne Geld als offizielles Transaktionsmittel auskommt! Nicht der Kapitalismus ist die Zukunft (aber das ahnten wir alle schon, oder?), sondern das Netzwerk.

Es ist in unserer Zeit sehr leicht, die Vorteile von Networking zu übersehen. Vor allem weil unsere Gesellschaft den entgegengesetzten Weg geht: Sie fraktalisiert, individualisiert sich, zersplittert immer mehr. Wohl dem, der früh in seinem Leben erkennt: Die Zukunft gehört dem Netzwerk. Networker leben leichter, bequemer, besser, erfolgreicher, gesünder und länger.

Einige der wichtigsten Determinanten
unseres Lebenswegs entwickeln
sich aus den trivialsten Umständen.
Albert Bandura

8 Glück und Karriere

Klatscher sind Glückspilze

Menschen klatschen gerne. Sie tun es, weil es ein menschliches Grundbedürfnis ist, Spaß macht und angenehm ist. Weil man sich nett dabei unterhalten, auch mal Dampf ablassen oder kräftig über andere lästern kann. Die meisten Menschen haben nicht die entfernteste Ahnung, dass Klatsch weitaus mehr ist als eine angenehme Nebenbeschäftigung. Dass Klatsch in der Tat über ihr Lebensglück und ihren Berufserfolg entscheidet.

Wir wissen (aus Kapitel 1), wie vorteilhaft sich Klatsch und Tratsch auf unsere Gesundheit und Leistung, auf die Teamentwicklung, Zufriedenheit, auf das Arbeitsklima und viele andere Parameter auswirken. Doch die Wirkung von Klatsch geht weit über diese angenehmen Effekte hinaus. Klatsch hat existenzielle Auswirkungen auf unser Leben. Klatsch hat direkten Einfluss auf Glück und Karriere.

Der britische Sozialpsychologe Dr. Richard Wiseman untersuchte zehn Jahre lang die Frage, warum manche Menschen echte Glückspilze sind, immer die attraktiven und charmanten Beziehungspartner abbekommen, stets gut bezahlte und angenehme Jobs haben, sich nie finanzielle Sorgen machen müssen, ständig bei Lotterien und Preisausschreiben gewinnen, fast jede Woche Geld auf der Straße finden, viel seltener Unfälle als andere Menschen haben, gesünder sind und sich wohler fühlen als normale Menschen – kurz: immer auf der Sonnenseite des Lebens zu wandeln scheinen.

Es klingt verrückt, doch obwohl diese Frage so alt wie die Menschheit ist, war Wiseman der erste seriöse Wissenschaftler, der sie nach wissenschaftlichen Maßstäben untersuchte. Die Ergebnisse sind überraschend.

Glück ist keine Glückssache

Mit seiner bahnbrechenden Arbeit (bezeichnender Titel: The Luck Factor) wies Wiseman nach, dass Glück eben kein Glück ist, kein Zufall, keine »reine Glückssache«. Glück hat nichts mit Glück zu tun. Glück hat vielmehr Methode: Das Glück belohnt den Tüchtigen.

Wiseman identifizierte zwölf Faktoren, Glücksbringer sozusagen, Tugenden von Tüchtigen, die belegen: Persönliches Glück resultiert schlicht aus der meist unbewussten Maximierung der persönlichen Erfolgswahrscheinlichkeit. Einer dieser zwölf Faktoren ist Kontaktstärke. So quatschen Glückspilze extrem oft wildfremde Leute auf offener Straße, in der Bahn, in Wartezimmern oder in der Supermarkt-Kassenschlange an – womit wohl? Mit Klatsch und Tratsch.

Das sprichwörtliche Glück der Glückspilze erklärt sich damit einleuchtend: Glückspilze knüpfen beim wilden Anklatschen wertvolle neue Kontakte, die sich immer wieder als glücklich, sprich profitabel, für sie herausstellen: Glück ist zum großen Teil eben auch Kontaktsache! Glückspilze schaffen sich ihr Glück durch ihre Kontaktstärke selbst. Wenn ich Coaching-Klienten auf diesen Glücksfaktor anspreche, können sich viele an eigene Glücksmomente erinnern, die diese Erkenntnis untermauern:

Ein 57-jähriger Manager meinte: »Wenn ich damals vor dem Parkautomaten nicht die Dame hinter mir wegen Kleingeld angesprochen hätte, hätte ich meine Frau nie kennengelernt – wir sind jetzt 30 Jahre verheiratet!«

Und eine 23-jährige Kontakterin berichtet: »Meinen jetzigen Job bekam ich im Aufzug, als ich den Mann neben mir nach den Präsentationsmappen fragte, die er unter dem Arm trug. Er erzählte mir von der interessanten Arbeit in seiner Agentur, ich erzählte ihm von meinem Traum, in die Werbung zu wechseln – und sechs Monate später bot er mir den Job als Kontakterin an!«

Jeder Mensch kennt solche zufälligen, schicksalhaften Begegnungen. Erinnern Sie sich: Wann erwiesen sich solche Zufallsbegegnungen oder -ereignisse für Sie von Vorteil? Die meisten Menschen meinen nach kurzem Erinnern: Eigentlich öfter, als man denkt. Viele erschrecken auch mit angenehmem Gruseln: »Ich hätte nie gedacht, dass die besten Wendungen in meinem Leben derart zufallsbedingt waren!« Nicht zufällig, sondern glücklich. Glück ist auch eine Frage der Kontaktstärke. Wie kontaktstark sind Sie?

Checkliste

Sind Sie ein Glückspilz?

Kreuzen Sie an, was auf Sie zutrifft: In vier von fünf Fällen klatsche ich gerne mit:

- O Wartenden in der Schlange an der Supermarktkasse
- O anderen Menschen im Wartezimmer vom Arzt
- O Mitfahrenden im Fahrstuhl
- O Mitliftenden im Lift beim Wintersport
- O Mitfahrenden bei Bahn- oder Busfahrten
- O anderen Besuchern beim Kinobesuch

Wie oft haben Sie Ihr Kreuzchen gemacht? Wie Dr. Wiseman herausfand, machen Glückspilze sechs von sechs Kreuzen und klatschen auch an anderen Orten fremde Menschen spontan an. Normale Menschen und Pechvögel dagegen reagieren irritiert bis empört:

- »Wie komme ich denn dazu, wildfremde Menschen im Supermarkt anzuquatschen?«
- »Das ist doch unhöflich, Fremde einfach so anzureden.«
- »Gott, das wäre mir ja peinlich!«

Vernünftige Gründe? Mag sein, doch dem eigenen Glück sind sie äußerst abträglich, wie die Wissenschaft beweist. Das Glück ist also nicht wirklich blind, sondern sehr gerecht. Es belohnt den, der sich um sein Glück aktiv, wenn auch meist unbewusst, bemüht. Das wussten im Übrigen lange vor Wiseman schon die alten Römer.

Klatsch & Tratsch

»Fabrum esse suae quemque fortunae.« Jeder ist seines eigenen Glückes Schmied.

Appius Claudius

Glück ist selten

Dass Klatsch dem eigenen Glück Flügel verleiht, erklärt nicht nur, warum bestimmte Menschen vom Glück verfolgt scheinen. Es erklärt auch, warum so wenige Menschen echte Glückspilze sind, warum Glück so überaus selten ist: Zwar klatschen alle Menschen von Haus aus, manche sogar fast ununterbrochen – doch wann haben Sie sich schon mal in der Supermarkt-Kassenschlange umgedreht und mit dem hinter Ihnen stehenden Menschen spontan Klatsch vom Zaun gebrochen? Oder wann haben Sie dieses Glücksschauspiel schon mal mit eigenen Augen bezeugen können? Eben.

Eine 180°-Wendung in der Kassenschlange kriegen die meisten Menschen nicht auf die Reihe; Abitur hin oder Doktortitel her. Warum nicht? Natürlich hat darauf jeder eine triftige Begründung, wie zum Beispiel »Keine Zeit!«. Der Psychologe nennt das Scheinrationalisierung: Klingt logisch, ist es aber nicht. In der Kassenwarteschlange keine Zeit? Keine Zeit, wenn man wartend Zeit totschlagen muss? Das kann ja wohl nicht sein, da muss was anderes dahinterstecken, und zwar: Angst vor Zurückweisung. Angst, sich lächerlich zu machen, abzublitzen, einen Korb zu kriegen, brüskiert zu werden, die kalte Schulter zu kassieren.

Angst tötet Glück

Es ist nicht so, dass Unglück das Gegenteil von Glück ist. Angst ist das Gegenteil von Glück. Glückskinder scheinen keine Angst vor Zurückweisung zu haben. Sie quatschen jeden an, der ihnen interessant erscheint oder den sie einfach nur treffen. Kriegen sie eine Abfuhr, lächeln sie freundlich und lassen den Miesepeter ohne Revanchegedanken in Ruhe. Das passiert jedoch extrem selten (Feldversuche zeigen: im Promillebereich), denn der Clou des spontanen Anquatschens ist: Wer in einer Warteschlange oder anderswo freundlich von einem anderen Menschen angesprochen wird, reagiert in 999 von 1000 Fällen positiv, erfreut, gesprächsbereit, angetan, offen.

Wer also kontaktfreudig ist und auch ohne einen triftigen Grund einfach nur so auf Menschen zugehen und danach ein kleines Klatschgespräch in Gang halten kann, wird ein langes, gesundes und glückliches Leben haben und immer wieder von für andere Menschen unerklärlichen Glücksfällen profitieren. Da diese Unbefangenheit im Umgang mit anderen nichts anderes ist als eine (meist unreflektierte) Gewohnheit, können wir sagen: Glück ist Gewohnheitssache! Gewöhnen Sie sich einen offenen und vorbehaltlosen Umgang mit Ihren Mitmenschen an und Sie werden vom überreichen Füllhorn des Glücks sagenhaft belohnt werden – mit wissenschaftlich garantiertem Erfolg. Kein Witz! Der gute Doktor Wiseman bietet inzwischen nämlich auch Glückskurse an, in denen er Menschen Glück beibringt – mit wissenschaftlich nachgewiesenem Erfolg. Glück ist eben doch machbar.

Machen Sie Glück zur Gewohnheit

Das Schöne an dieser Glücksgewohnheit ist: Sie ist im Vergleich zu anderen Gewohnheiten (zum Beispiel zigarettenlos durch den Tag zu kommen) leicht und schnell erwerbbar. Vorbehaltloses Kontaktaufnehmen und Klatschen müssen Sie nicht mühsam lernen; Sie können es schon, Sie brauchen sich lediglich einen Ruck zu geben.

Neulich sagte eine Coaching-Klientin: »Nach unserer letzten Sitzung musste ich ohnehin zu Aldi, habe die Probe aufs Exempel gemacht und vor dem Tiefkühlregal den erstbesten Menschen angesprochen. Sie werden es nicht glauben: Sie ist Tierärztin und hatte erst vor zwei Tagen ganz in der Nähe ihre Praxis aufgemacht. Ich suche schon lange einen Tierarzt, zu dem ich nicht so weit fahren muss!«

Okay, die Dame hatte Glück (eben!). Aber was wäre, wenn Sie nur in fünf von zehn Fällen Glück hätten? Oder auch nur in einem von zehn? Dann hätten Sie immer noch 100 Prozent mehr Glück, als wenn Sie weiterhin schweigend Ihren Wagen durch den Lidl schieben würden!

Klatsch & Tratsch

»Ich sammle Menschen, ich mag Menschen und habe keine Probleme, Freunde zu gewinnen. Und ich versuche, mit ihnen allen in Kontakt zu bleiben. Man kann nicht mit allen in Kontakt bleiben, aber ich gebe mein Bestes.«

Kathy, 50 Jahre, Glückskind und Probandin der Wiseman-Glücksstudie

Das Glück der Gehemmten

Kontaktgehemmte Menschen finden rasch den Mut zur Kontaktaufnahme auch mit Fremden, wenn sie sich ihr Rückzugsverhalten im Falle einer Ablehnung so konkret und unbelastend wie möglich vorstellen.

Zum Beispiel einfach nur freundlich lächeln, nicken, etwas murmeln wie »Nichts für ungut!« – und Abgang. Wer diese Rückzugsstrategie so oft antizipativ visualisiert (auf gut Deutsch: es sich einfach wiederholt vorstellt), bis er/sie sich wohl dabei fühlt, verliert die Kontakthemmung. Die meisten gehemmten Menschen kriegen danach sogar echte Lust auf Kontakt, weil auch ein gehemmter Mensch im Grunde seines Ichs ein soziales Wesen ist.

Die meisten Menschen berichten, dass sie mit dieser Hintertür im Hinterkopf unbeschwert auf andere zugehen können – und im Übrigen diese Hintertür so gut wie nie benützen müssen. Denn das ist doch gerade gravierendstes Symptom unserer Zeit: dass der Mensch nicht mehr mit dem Menschen spricht und sich daher alle Menschen freuen, wenn Sie dieses Schweigen brechen.

Die Glückszahlen der Woche

Die meisten Menschen unterschätzen ihr Glück. Sie ahnen nicht, dass sie quasi auf einem Goldesel sitzen. Amerikanische Soziologen schätzen, dass ein durchschnittlicher Mensch 300 Personen »on first name terms«, also per Vornamen, kennt. Selbst wenn wir eine europäisch-konservative Schätzung von 200 oder gar nur 100 annehmen: Daraus ergibt sich ein riesiges »Network of Luck«, wie es die Forscher nennen.

Vielleicht hat keiner dieser Hundert den Traumjob oder

kennt den Traumpartner, den Sie suchen. Doch quasi per Handschlag, Anruf oder E-Mail haben Sie Zugang auch zu den 100 bis 300 Vornamen, die jeder Ihrer 100 Kontakte seinerseits kennt. Lassen Sie sich den Kontakt einfach vermitteln. Einfachste Frage dafür: »Du, kennst du nicht zufällig einen, der …?« Daraus ergibt sich bereits ein Netzwerk von 10 000 (100 × 100) bis 30 000 Kontakten!

Nehmen wir an, Sie feiern einen runden Geburtstag und laden 50 Gäste aus Ihrem Vornamen-Fundus ein. Nehmen wir weiter an, dass jeder dieser 50 im Schnitt tatsächlich 300 andere Vornamen kennt und dass diese 300 Kontakte wiederum 300 Kontakte haben. Dann haben Sie mit einem schlichten »Hallo, wie geht's?« Zugang zu 50 × 300 = 15 000 Kontakten und per Weiterempfehlung Zugang zu 15 000 × 300 = 4,5 Millionen Kontakten! Stockt Ihnen der Atem? Das tut er zu Recht. Denn: So wird das Glück gemacht! Oder wie der Mathematiker Gauß einmal meinte: »Was viele Menschen oft für pures Glück halten, ist schlicht das Gesetz der großen Zahl.« Jeder Lottospieler weiß das: Je mehr Tipps, desto höher die Gewinnchancen. Und bei 4,5 Millionen Gewinnchancen ist der Gewinn für die alltäglichen Vorhaben des Lebens quasi garantiert. Probieren Sie's aus! Ich habe noch keinen getroffen, der vom Glücksnetzwerk enttäuscht worden wäre.

Manchmal kommt nicht exakt das heraus, was man sich wünscht (zum Beispiel ein blonder Märchenprinz) – doch es kommt immer etwas dabei heraus, was Sie glücklich macht (zum Beispiel ein dunkelhaariger Märchenprinz).

Jeder Mensch sitzt auf einem Glücksnetzwerk von rund vier Millionen Kontakten. Wer nur drauf sitzt, bedient es mit dem falschen Körperteil: Benutzen Sie es mit Köpfchen! Aktivieren Sie Ihr Netzwerk und machen Sie Ihr Glück.

Karriere mit Klatsch

Wenden wir uns einem weitaus ernsteren Thema als dem Glück zu: Ihrer beruflichen Zukunft, Ihrer Jobsicherheit, Ihrer Karriere. Frage: Was müssen Sie bringen, wenn Sie mehr Gehalt, einen sicheren Job, eine Beförderung oder einfach nur die Ihnen zustehende Anerkennung im Beruf wollen? »Natürlich Leistung, Kompetenz, meine Arbeit gut machen«, antworten die meisten Menschen.

Nun arbeitet die Menschheit schon seit einigen 10 000 Jahren, doch dieses Märchen hat sich bis heute gehalten. Nicht weil etwas Wahres daran wäre, sondern weil es unseren Wunschvorstellungen entspricht, wie das alle Märchen tun: Der Wunsch ist der Vater des Gedankens. Wir hätten es gerne, dass Leistung sich lohnt und dass Erfahrung sich bezahlt macht. Tut sie jedoch leider nur sehr selten.

Die IBM-Studie

Wir müssten es eigentlich besser wissen. Wir müssten lediglich dem täglichen Klatsch zuhören, bei dem so viele Menschen so oft verbreiten: »Bei uns werden nicht die Besten befördert, sondern die Leute mit dem größten Mundwerk!« Oder: »Leistung lohnt sich in diesem Unternehmen nicht. Nur wer dem Chef schöntut, zählt hier was!« Das ist nicht nur böswilliger Klatsch frustrierter Übergangener, dieser Klatsch ist tatsächlich wissenschaftlich belegt.

Der IBM-Konzern befragte in einer Studie Personalverantwortliche und Führungskräfte, welche Faktoren für eine Karriere im Konzern entscheidend seien. Natürlich wurde als Faktor

- die Arbeitsleistung genannt. Doch dann kam die erste Überraschung: Es wurden auch
- das Image in der Firma, also die Qualität der Selbstdarstellung, und
- der Bekanntheitsgrad bei Vorgesetzten genannt.

Die zweite Überraschung war noch dicker. Sie stellte sich ein, als die Befragten aufgefordert wurden, diese drei Faktoren nach Wertigkeit zu gewichten. Das folgende Schaubild zeigt das (nicht wirklich) überraschende Ergebnis, das auch von anderen Studien gestützt wird.

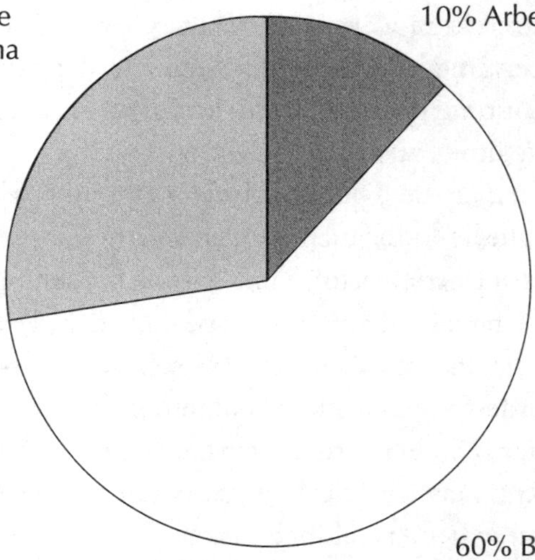

Wovon hängt Berufserfolg ab?

Klatsch zählt mehr als Leistung!

Das muss man sich einmal vorstellen! Ob jemand befördert, bei der Arbeit bevorzugt, bei der nächsten Entlassungswelle nicht gefeuert oder einfach nur die ihm zustehende Anerkennung für seine Arbeit bekommt, hängt also nur zu geradezu lächerlichen zehn Prozent von seiner Leistung ab! Zu 60 Prozent hängt sein Berufserfolg von seinem Bekanntheitsgrad bei seinen Vorgesetzten und zu 30 Prozent von seinem Image in der Firma ab.

Das erklärt, warum an so vielen Arbeitsplätzen nicht die Besten, Fleißigsten, Leistungsstärksten, Erfahrensten und Kompetentesten befördert, belohnt und bevorzugt werden, sondern die Kollegen, die in der ganzen Firma bekannt und die bei »denen da oben« gut angeschrieben sind. Dass wir in einer Leistungsgesellschaft leben, ist vor dem Hintergrund der IBM-Studie reine Kapitalistenpropaganda, ein Managementmythos, ein modernes Märchen, Opium fürs arbeitende Volk. Leistung ist zwar notwendig, aber längst nicht entscheidend, um vorwärtszukommen oder die Anerkennung zu kriegen, die Ihnen zusteht.

Die für einen fleißigen Menschen bittere Wahrheit ist: Leistung (allein) lohnt nicht! Oder anders ausgedrückt: 90 Prozent Ihres Karriereerfolgs und Ihrer Anerkennung im Beruf lassen sich nicht über Ihre Kompetenz oder Leistung, sondern schlicht über Klatsch und Tratsch beeinflussen! Denn Klatsch fördert sowohl Ihre Bekanntheit bei den Chefs als auch Ihr Image in der Firma. Das hat Ihnen noch keiner gesagt? Stimmt. Das wird keinem Azubi und erst recht keinem Akademiker in der Ausbildung gesagt. Warum nicht? Falsche Frage. Richtige Frage: Cui bono? Wem nützt das Märchen von der Leistungsgesellschaft denn? Richtig, der Gesellschaft selbst, dem Fiskus und den Arbeitgebern. Finanzamt und Chefs möchten eben Mitarbeiter, die was leisten und ihre Steuern zahlen. Dass sie es mit dieser Leistung allein nicht weit bringen, müssen sie ja nicht unbedingt wissen …

Klatsch ist wichtiger als Kompetenz

Eigentlich brauchen wir keine IBM-Studie, um zur Erkenntnis zu gelangen: Vorgesetzte befördern, anerkennen, bevorzugen und belohnen eher Mitarbeiter, deren Namen ihnen bekannt und deren Gesichter ihnen geläufig sind. Unscheinbare kann man nicht befördern, weil man nicht weiß, wie gut sie sind, wenn man sie so selten zu Gesicht bekommt! Ahnten wir's nicht schon lange? Klatsch ist wichtiger als Kompetenz! Natürlich nutzt es wenig, wenn ein Inkompetenter klatscht. Doch wenn zwei gleich kompetente Mitarbeiter nebeneinander arbeiten, dann erhält in neun von zehn Fällen der klatschaktivere mehr Anerkennung, die besseren Projekte, mehr Budget, Privilegien, Nachsicht, Freiräume, mehr Gehalt und eher eine Beförderung.

Selbstverständlich gibt es noch andere Mittel, mit denen Sie Ihr Image im Betrieb aufpolieren können. Sie können sich zum Beispiel für abteilungsübergreifende Projekte und Arbeitsgruppen melden. Doch erstens ist das arbeitsaufwändig und hält von den eigentlichen Aufgaben ab. Und zweitens können Sie Ihren Bekanntheitsgrad durch Klatsch viel leichter, effektiver und effizienter steigern. Klatsch ist reiner Arbeit bei weitem überlegen – was den Imageeffekt anlangt. Deshalb heißt die dahinterstehende Kunstform auch Impression Management – mit Arbeit hat das nichts zu tun.

Sie können Ihre Bekanntheit bei den Chefs natürlich auch auf andere Weise steigern. Indem Sie sich zum Beispiel intensiv um Chefprojekte bemühen und vorauseilenden Gehorsam praktizieren. Aber auch für diese Mittel gilt: Klatsch ist weniger aufwändig und wirkt besser. Also klatschen Sie, was das Zeug hält! »Oje«, klagen viele, »mit dem Chef klatschen, das ist aber schwer!« Nicht die Bohne, wenn Sie wissen, wie's gemacht wird.

Mit dem Chef klatschen

Wer hat schon den Mut und vor allem die Lust, den Chef anzuklatschen? Sie, wenn Sie sich klarmachen, dass der Chef mit Klatsch und Tratsch sogar noch viel leichter ansprechbar ist als mit Sachinhalten. Denn über Ihre Leistungszahlen, Statusberichte, Budgetvorschläge und Präsentationen regt er sich möglicherweise auf. Nicht aber, wenn Sie ihm die neueste Story aus der Buchhaltung erzählen, die Sie gerade aufgeschnappt haben. Natürlich haut Ihnen Ihr Vorgesetzter dabei nicht, »Boah, echt, Alter?«, auf die Schulter. Er ist schließlich kein Kumpel, sondern der Boss. Doch an seinem Gesicht werden Sie das mimische Äquivalent des Schulterschlags ablesen können: Auch Chefs mögen Klatsch und Tratsch! Sogar mehr als »normale« Menschen, weil im Management gilt: Oben ist es einsam! Wer von den »normalen Menschen« redet schon unbefangen mit »denen da oben«? Auch Chefs möchten geliebt werden; das wissen leider nur die wenigsten Mitarbeiter.

Da so wenige Normalsterbliche unbefangen mit dem Big Boss reden, ist er froh und vor allem dankbar darüber, wenn Sie es tun. Und wenn Sie mal den Mut für den ersten Versuch zusammengekratzt haben, werden Sie schnell feststellen, dass das reine Gewohnheitssache ist – und sogar eine Menge Spaß macht. Außerdem verbessert es die Beziehung zu den Chefs enorm…

Worüber klatscht der Chef?

Sie kennen inzwischen das oberste Klatschgebot: Langweilen Sie nicht! Damit Sie den Chef unter Garantie nicht langweilen, finden Sie heraus, welche Themen er überhaupt nicht gerne hört. Normalerweise ist das eine leichte Übung: Der Chef verzieht das Gesicht oder lässt einen Lästerspruch ab, sobald ein ungeliebtes Thema auftaucht. Fertigen Sie eine Liste mit diesen Unthemen an, lernen Sie sie auswendig und meiden Sie diese Themen wie die Pest – oder lästern Sie gemeinsam mit dem Chef darüber: »Haben Sie schon gehört? Die Regierung hat schon wieder die Reform der Körperschaftssteuer in Angriff genommen. Kam heute Morgen im Radio. Jetzt sind die Minister völlig verrückt geworden!« Das ist anbiedernd? Nein, das ist ganz normaler Klatsch. Allein der Umstand, dass jemand Ihr Chef ist, heißt nämlich noch nicht, dass Sie ausgesprochen hässlich zu ihm beziehungsweise zu ihr sein müssen.

Machen Sie dieselbe Auflistung von den Lieblingsthemen des Chefs. Welche das sind? Natürlich jene, über die er selbst am liebsten klatscht. Hören Sie ihm deshalb intensiv zu, wenn er informell redet. Ich weiß, das geht vielen Menschen derart gegen den Strich, dass sie die Ohren auf Durchzug stellen, sobald Vorgesetzte auch nur den Mund aufmachen. Letztendlich ist das Ihre Wahl: Ohren auf Durchzug oder im Beruf weiterkommen? Weghören oder gut miteinander auskommen? Natürlich sind Chefs manchmal schwer zu ertragen. Doch ein bisschen Toleranz hat jeder Vorgesetzte verdient. Man bringt es jedenfalls mit schwierigen Menschen nicht weiter, wenn man sie ausgrenzt...

Die meisten entscheiden sich nach einigem Hin und Her gegen das Weghören und fürs Klatschen mit dem Chef. Vor allem deshalb, weil nett mit dem Chef zu klatschen weitaus leichter ist, als sich in der Arbeit voll zu verausgaben, um vorwärtszukommen. Ironischerweise beklagen sich darüber doch viele Angestellte und Arbeiter: »Ich hänge mich in jeden Auftrag voll rein und der Kollege tratscht praktisch bloß mit dem Chef, aber wer bekommt mehr Anerkennung vom Boss?« Ziemlich naive Frage, nicht? Dass sich ein Mitarbeiter voll reinhängt, nimmt der Chef für selbstverständlich. Aber dass sich mal einer nett mit ihm unterhält, das ist doch was Außergewöhnliches!

Mit großen Tieren klatschen

Viele Menschen verkünsteln sich derart bei der Kommunikation mit hohen Tieren, dass es unfreiwillig komisch klingt und nach hinten losgeht. Deshalb sei gesagt: Mit Führungskräften können, nein, müssen Sie ganz unbefangen reden. Sagen Sie nichts Besonderes und bemühen Sie auch rhetorisch nichts Ausgefallenes. Das wirkt alles bloß unecht und komisch. Reden Sie einfach nur freundlich, höflich und respektvoll. Zum Beispiel:

- »Wussten Sie schon, dass...?«
- »Heute hat übrigens unser Spitzenkunde gesagt...«
- »Ich dachte, das könnte Sie interessieren: ...«
- »Unser Design-Projekt liegt tatsächlich eine Woche vor dem Zeitplan!«

Was Manager immer gerne hören: Erfolge. Selbst die kleinsten Erfolge sind ihnen gegenüber klatschenswert. Wenn es darüber hinaus noch Ihre Erfolge sind, verbinden sich Klatsch und Eigen-PR auf perfekte Weise.

Noch lieber als Erfolge hören Führungskräfte ein Lob. Da Manager so gut wie nie gelobt, aber täglich kritisiert, gescholten, unter Druck gesetzt und durch den Kakao gezogen werden, da sie intuitiv meist ganz genau wissen, dass ihre Mitarbeiter und Kollegen sie mit Skepsis, wenn nicht offenem Misstrauen, beäugen, sind viele Manager echt heiß auf Anerkennung jeder Art. Aber bitte kein Pauschallob: »Sie machen einen guten Job!« Das klingt lächerlich, unehrlich und opportunistisch. Geben Sie Anerkennung (nicht nur dem Chef!) immer ganz konkret, aktuell und vor allem begründet: »Wie Sie heute das Meeting moderiert haben, fand ich einfach toll. Wir waren eine Stunde schneller fertig als sonst.« Oder: »Ich unterstütze Ihre Entscheidung in der Oktagon-Angelegenheit. Es war Zeit, dass hier jemand klare Verhältnisse schafft.« Oder: »Mit der neuen Sekretärin hatten Sie ein gutes Händchen. Die hat echt was drauf.«

Was Führungskräfte fast am meisten interessiert, sind Fehler und Missgeschicke ihrer Kollegen (sprich Konkurrenten). »Haben Sie schon gehört, was dem Vertriebsvorstand passiert ist?« Mit dieser Frage haben Sie sofort die ungeteilte Aufmerksamkeit Ihres Vorgesetzten. Für viele Chefs sind schlechte Nachrichten (über andere) gute Nachrichten.

Nachwort

Beruf, Beziehung, Familie, gesellschaftliche Verpflichtungen – wir alle haben so viel um die Ohren, dass die wichtigsten Dinge liegen bleiben. Das Diktat des Dringenden verdrängt das eigentlich Wichtige. Zum Beispiel, sich um das eigene Wohlergehen und Vorwärtskommen, um das eigene Lebensglück und Zufriedenheit zu kümmern.

Diese Dinge sind gar nicht so kompliziert und aufwändig, wie uns immer suggeriert wird. Wir müssen dafür keine komplizierten Self-Management-Techniken, Time Management und andere modischen Buzzwords bemühen. Es reicht schon völlig aus, wenn Sie sich den normalen menschlichen Klatschdrang nicht länger verbieten (lassen) und hin und wieder nach Herzenslust, aber auch mit gesundem Menschenverstand mit lieben, aber auch mit nützlichen Menschen klatschen und tratschen.

Sie werden dabei schnell bemerken, dass das nicht nur großen Spaß macht, erleichtert und erfrischt, sondern Ihnen auch großen Nutzen und viele Glücksfälle beschert. Wer klatscht, hat einfach mehr vom Leben.

Wenn Sie inzwischen richtig Lust auf Klatsch bekommen

haben und noch Fragen offen sind, helfe ich Ihnen selbstverständlich gerne weiter. Sie erreichen mich auf folgenden Wegen:

Dr. Cornelia Topf
metatalk Kommunikation + Training
Weichselweg 1
86169 Augsburg
Tel 08 21 – 70 48 82
Fax 08 21 – 70 67 28
E-Mail: info@metatalk-training.de
Homepage: www.metatalk-training.de

Literaturverzeichnis

Althans, Birgit: *Der Klatsch, die Frauen und das Sprechen bei der Arbeit*. Campus, Frankfurt/Main 2000.
Die Autorin ist wissenschaftliche Mitarbeiterin am Institut für allgemeine Pädagogik der FU Berlin – und so schreibt sie auch: fundiert, tiefschürfend, aber immer unterhaltsam.

Dunbar, Robin: *Klatsch und Tratsch*. Bertelsmann, München 2002.
Sehr wissenschaftlich und in weiten Teilen ziemlich theoretisch, jedoch intellektuell reizvoll und entwicklungsgeschichtlich verblüffend: Sprache wurde in der Steinzeit nicht wegen des Informationsaustauschs, sondern tatsächlich als Klatsch ums Lagerfeuer geboren!

Graeter, Michael: *Lexikon des Klatsches*. Eichborn, Frankfurt/Main 2003.
Deutschlands berühmtester Klatschkolumnist verbreitet hier ungehemmt und uneingeschränkt Klatsch und Tratsch – von Boris in der Besenkammer bis zu lokalen Münchner Größen.

Hausladen, Anni/Laufenberg, Gerda: *Die Kunst des Klüngelns.*
Erfolgsstrategien für Frauen. Rowohlt, Reinbek 2001.
Wenn Frauen schon als klatschsüchtiges Geschlecht gelten, dann sollen sie wenigstens ordentlich was davon haben: Wer seinen Klatsch zum Klüngeln einsetzt, hat jedem männlichen Wesen etwas voraus.

Topf, Cornelia: *Small Talk.* Haufe, Planegg b. München 2002.
Kurzer, knapper, knackiger Ratgeber, der hilft, neue Kontakte zu knüpfen und stets die rechten Worte zu finden.

Watzlawick, Paul u.a.: *Menschliche Kommunikation.* Verlag Hans Huber, Bern 2000.
Der Klassiker der Kommunikationstheorie, der klinisch-therapeutisch untersucht, warum wir so reden, wie wir reden – und welche pathologischen Züge Sprache annehmen kann.

Stichwortverzeichnis

Julia Karnick | Wer sonst, wenn nicht wir

Einerseits ist alles ganz einfach – wenn nur das Andererseits nicht wäre. Ob es um die Gründung einer Frauenfußballmannschaft, Sex mit halterlosen Wolford-Strümpfen, den »Club der Hässlichen« oder das Basteln von Elefantenkostümen geht: BRIGITTE-Kolumnistin Julia Karnick bringt das Leben auf den Punkt – auch wenn es aus dem Ruder läuft.

192 Seiten, Broschur

| Hoffmann und Campe |